제통
POST
느린 우체통

HD

용무있으신분
010-9599
6975

커스텀 컬처

바이시클 프린트 #3:
커스텀 컬처

등록번호 파주-사 0002
2014년 10월 31일 발행

프로파간다
경기도 파주시
파주출판도시 498-7
T. 031-945-8459
F. 031-945-8460
www.graphicmag.co.kr

‹바이시클 프린트›는
프로파간다 프레스가 발행하
는 자전거 문화 무크지입니다.
www.graphicmag.co.kr

ISBN 978-89-98143-23-7
ISSN 2288-2944

발행인 겸 에디터
김광철

기획
신덕호
이광무
이아람

에디터
이아람

그래픽 디자인
신덕호

일러스트레이터
이광무

포토그래퍼
닐스 클라우스

번역
이미령
임윤정
정은주

교정
유인경

관리
유현숙

인쇄
신사고 하이테크

용지
동방페이퍼(주)

컨트리뷰터
광양제철중·고등학교
김락현
김성태
김종범
로빈 처브
믹 필
민경현
본셰이커 매거진
소원영
신이치 콘노
알랭 들로름
이승기
이용현
이재용
정은미
천경일
티모시 로즈

BICYCLE PRINT #3:
CUSTOM CULTURE

propaganda press
498-7 PajuBookCity, Paju-si,
Gyeonggi-do, Korea
T. 82-31-945-8459
F. 82-31-945-8460
www.graphicmag.kr

Publisher & Editor
Kim Kwangchul

Concept
Lee Aram
Lee Kwangmoo
Shin Dokho

Editor
Lee Aram

Design
Shin Dokho

Illustration
Lee Kwangmoo

Photographer
Nils Clauss

Translation
Lee Miryung
Lim Yoonjung
Jeong Eunjoo

Proofreader
Ryu Inkyung

Contributors this issue
Alain Delorme
Boneshaker Magazine
Chun Kyungil
Gwangyang Jecheol Middle & Highschool
Jeong Eunmi
Kim Jongbum
Kim Rakhyeon
Kim Seongtae
Lee Jaeyong
Lee Seungki
Lee Yonghyeon
Mick Peel
Min Gyunghyun
Robin Chubb
Shin-Ichi Konno
So Wonyoung
Timothy Rhoads

Printing
Sinsago Hi-tech Co., Ltd

Paper Supplying
Dongbang Paper Co. Ltd.

Printed in Korea

광양제철 중·고등학교의 등교 시간. 학교로 가는 코스 중 하나인 해안도로 위로 자전거 행렬이 이어진다.

1
2

↑ 광양제철소 단지에서 빈번하게 볼 수 있는 하늘색 파이프.
녹지로 뒤덮인 시멘트가 30년 된 인공 섬의 세월을 암시한다.
↓ 자전거 핸들바 위에 친구를 태우고 가는 학생.

↑ 등교 시간은 단체로 수다를 떨며 자전거를 타고
갈 수 있는 시간이기도 하다.
↓ 여학생들은 교복 치마를 입고 자전거를 타는 게 익숙하다.

↑ 광양제철 중학교의 자전거 주차장. 고등학교보다 훨씬 많은 학생이 자전거로 통학하기 때문에 자전거 주차 시스템이 필요하다. 등교 시간이 지나고 나면 자전거로 빼곡히 채워진다.
↓ 광양제철 고등학교 남학생 자전거들. 학생들이 등교하고 나면 선도부가 가지런히 재배열한다.

광양의 자전거 일상

광양만에 여의도의 5배 크기의 바다를 매립해 만든 섬에 세워진 광양제철소는 자전거의 천국과 같은 곳이다. 광양제철소 단지에는 초등학교, 중학교, 고등학교가 하나씩만 있다. 전교생의 80% 이상이 자전거로 통학하는 광양제철 중·고등학교는 다른 나라 사람들도 놀랄 만한 세계 최고의 자전거 교통 수송 분담률을 자랑한다. 세계 최고를 자랑하는 네덜란드의 40%를 훌쩍 넘는 수치다. 등하교 시간에는 외지인은 한 번도 본적 없을 독특한 자전거 행렬이 펼쳐진다.

학생들의 자전거 이용률이 어느 정도 되는가?

광양제철 중학교 아이들은 모두가 광양제철소 단지에 산다. 모두가 이 지역 아이들이다 보니 중학교는 전교생 909명 중 80% 이상이 자전거로 통학한다. 광양제철고의 경우는 자립형 사립 고등학교이기 때문에 전교생 1,100명 중 타지에서 온 학생들 40%는 기숙사에서 생활한다. 나머지 60%의 학생들 660명 중 평균 450~500명 가량이 자전거로 통학한다. 고3이 되면 공부에 집중하고 잠자는 시간도 줄어서 부모님 차량으로 이동하는 경우도 있다.

자전거 타는 학생들이 등교하는 시간이 따로 정해져 있나?

차로 등교하는 학생도 있기 때문에 도로에서 차와 자전거가 섞이게 되면 위험하다. 그래서 차로 등교하는 학생들은 7시 30분 전까지, 자전거와 도보로 등교하는 학생들은 30분 이후에 등교하도록 한다. 특히 해안도로로 자전거를 타고 오는 학생들의 안전을 위해서 두 개의 차선 중 한 차선은 등교 시간에 아예 차가 다니지 못하게 통제한다. 중학생들의 자전거 통학 인구까지 합하면 도로에 자전거가 너무 많아서 중학생 등교 시간이 20분 정도 늦어진다.

학교 차원에서 학생들의 자전거 이용과 안전을 위해 노력하는 것 같다. 등교 후 자전거들을 정돈하는 학생들은 누구인가?

선도부 학생들이다. 워낙 아이들이 급하게 등교하다 보니 자전거들이 엉켜 있기도 하다. 선도부 학생들이 자전거를 일렬로 재정리하면서 통학이 마무리된다. 가끔씩 학생들이 자전거를 타다가 다치기도 하지만 차량과의 사고는 없다. 안전을 위해 학생들에게도 주의를 단단히 주고 있다.

학부형들이 통학버스나 다른 교통수단을 마련해 달라고 요구하지는 않나?

학생들이 모두 광양제철소 단지에 살고 있다. 학부형 중 대다수가 광양제철소 직원이고 통근을 자전거로 하고 있기 때문에 아이들이 자전거 타는 것에 대해서도 긍정적인 것 같다. 아무리 멀어도 자전거로 15분이면 통학할 수 있기 때문에 자전거를 타고 다니는 것이 오히려 더 편리하다.

이용현 광양제철고등학교 주임

GWANGYANG JECHEOL MIDDLE & HIGHSCHOOL

↑ 박성훈, 박윤선, 문태현, 김상기(고3)

(박성훈, 고3)

고등학교는 남학생과 여학생이 자전거를 따로 주차한다던데?

중학교는 남녀가 같이 한 곳에 주차하지만, 고등학교는 운동장 가로 세로를 따라 따로 주차한다. 같은 정문으로 들어오는데, 각자 자리에 주차하게 되어있다. 학교에서 그렇게 하라고 했다.

자전거에 번호와 이름이 있는 스티커가 부착되어 있던데 도난을 방지하기 위한 것인가?

도난방지 차원은 아니고 애들이 자전거를 하도 많이 주차하니까 학교에서 관리 차원에서 정리하기 쉽게 하려고 붙여놓은 것이다. 번호에 맞게 주차해야 한다. 보통 배치번호, 이름, 전화번호를 붙여놓는다.

(박윤선, 고3)

자전거를 타기 시작한 것은 언제부터인가?

초등학교 5학년 때 광양제철소 단지로 전학 오게 되면서 자전거를 타기 시작했다. 이곳의 대부분의 아이들은 초등학교나 중학교 때부터 자전거로 통학한다.

친구들이 모두 자전거를 타나?

광양제철 고등학교 학생 중엔 외부에서 온 학생들도 있어서 모두가 자전거를 타지는 않는다. 반면 중학교 학생들은 100% 광양제철소 섬에 살기 때문에 중학생들이 자전거를 더 많이 탄다. 중학생과 고등학생이 자전거를 타는 분위기가 다르다. 중학교 애들은 자전거를 타도 즐기면서 샤방샤방 하게 학교에 오는데, 고등학교 애들은 늦어서 아침에 밥도 못 먹고 머리도 못 말리고 헐레벌떡 급하게 오는 분위기다.

자전거로 등교할 때 시간은 어느 정도 걸리나?

남자애들의 경우, 지각할 것 같으면 진짜 미친 듯이 달려서 3분이면 학교에 도착한다. 통학 거리가 5km 정도인데 애들끼리 수다 떨면서 가면 15~20분 정도 걸리는 것 같다.

3분이라고? 설마.

진짜다. 페달을 미친 듯이 밟으면 가능하다. 여기 있는 애들은 거의 자전거 신이다. 그만큼 오래 탔고 자전거가 익숙하다.

자전거의 브랜드는 따지나?

그런 건 거의 없는 것 같다. 대다수가 싼 보통 자전거, 동네 자전거를 탄다. 거의 다 삼천리 코렉스 같은 비슷비슷한 걸 타고 다닌다. 눈에 띄는 거라면 색깔만 특이한 것이다. 비싼 거라고 해도 30만 원이 넘는 자전거는 없다. 또, 학교에서 경품으로 자전거를 주기도 하는데, 나는 달리기를 잘해서 운동회 때마다 상을 타서 자전거를 이미 다섯 대나 받았다.

비싼 자전거가 없으니, 자전거 도둑은 없을 것 같다.

아니다. 도난이 많다. 동네 자전거들이 다 똑같이 생기고 거기서 거기인지라 잃어버려도 찾기 힘들다. 어렸을 때는 진짜 가져갈 거라 생각을 못 해서 자물쇠도 안 잠그고 다녔다. 그러다 보니 초등학교 때부터 지금까지 자전거를 8대나 바꿨다. 다섯 대는 경품으로 받아서 다행이었지만.

왜 다들 자전거로 등하교를 하는지, 한마디로 설명한다면?

어쩔 수 없어서 탄다. 그냥 바다였는데 포스코가 들어오면서 바다를 메우고 섬을 만든 게 지금의 금호동, 광양제철소 단지다. 그래서 여기만 고립되었다. 이 동네가 너무 애매한 게, 버스 노선을 두기에는 너무 짧은 거리다. 애들이랑 같이 자전거를 타고 등교하는 것도 재미있고, 아침 저녁으로 조금씩 운동 겸 타는 것도 좋다. 그런데 여름에는 정말 더워서 짜증이 난다. 봄, 가을은 최고지만.

(문태현, 고3)

통학하는 길은 여러 가지인가?

학교 오는 방법은 언덕길과 해안도로, 두 길만 있다. 통학하는 길은 해안도로다. 학교에서 언덕길로 자전거를 타고 다니지 못하게 하는데, 가끔 엄청나게 급할 때는 애들이랑 자전거를 타고 언덕을 질주해 넘어가기도 한다.

언덕을 넘어가는 그 급한 사정은 무엇인가?

PC방이나 노래방에 갈 때 종종 자전거로 언덕길을 넘기는 한다. 이 동네에는 PC방도 노래방도 하나씩밖에 없는데 PC방에 가는 길은 언덕을 넘어가는 길밖에 없다. 그런데 PC방도 노래방도 하나씩밖에 없어서 부모님께 쉽게 잡힌다.

(김상기, 고3)

여기서 얼마나 살았고 자전거는 얼마나 오래 탔나?

여기 병원에서 태어나서 지금까지 살고 있다. 12년째 같은 자전거를 타고 다닌다.

좋은 자전거를 타고 싶은 욕심은 없나?

지금 내 것도 좋은 거다. 사이클이고 12만 5천 원 주고 샀다. 솔직히 다른 애들 것도 거의 다 비슷비슷하다.

아끼는 자전거 같은데 도난 당해 본 적은 없나?

도난 당해도 어차피 돌고 돈다. 마트가 이 동네에 하나인데, 자전거가 또 없어졌다 싶어 마트에 가보면 거기 있다. 하지만 범인은 절대 못 잡는다.

동네에 자전거를 고치거나 살 수 있는 곳이 있는가?

사랑아파트 테니스장 옆에 작은 컨테이너가 있는데, 다들 거기 가서 수리한다. 거기가 완전 독점이다. 타이어 튜브를 가는 것은 9천 원, 펑크 난 곳을 때우는 것은 3천 원이다. 애들이 매일 자전거를 타다 보니까 타이어에 펑크가 자주 난다. 내 자전거 바 테이프도 거기서 감았다.

(최경민, 고2)

자전거가 유독 멋지고 심플한 것 같다.

넉 달 전에 삼천리 자전거 인터넷 사이트에서 주문하고 직접 조립했다. 가격은 20만 원에서 30만 원 사이 정도였는데 여기선 좀 비싼 편이다. 광양시에서는 이 자전거 모델을 구할 수 없었다. 자전거에 관심이 많아서 나중에 졸업하고 돈을 모으면 서울에서 더 좋은 자전거를 타고 다니고 싶다.

↑ 이수정, 신영은(고3)
↓ 최경민(고2)

(김동욱, 고2)

이곳의 자전거 생활에서 특이한 점이 있다면?
나는 여기서 태어났고 초등학교 때부터 자전거로 통학했다. 애들이 워낙 초등학교 때부터 자전거를 달고 살고 매일 타서 그런지 외부 사람들이 보면 신기해할 만한 것들을 할 줄 안다. 두 손을 들고 타는 건 한 4년은 걸리는데 친구들도 거의 다 할 줄 알고, 자전거 핸들바에 친구를 태워서 2~3명이 같이 타기도 하고 심지어 자전거에서 책을 보면서 가기도 한다. 한 가지를 너무 오래 하면 하기 싫어도 잘하게 되는 것 같다.

책을 보면서 자전거를 탄다고? 위험할 것 같다.
중학생일 때는 그렇게 여유 있게 탔는데, 고등학생 때는 열 시, 열한 시까지 자습을 하니까 아침에는 정신없이 부리나케 학교에 가야 해서 이젠 그럴 여유는 없다. 하지만 정말 급한 경우, 예를 들면 시험을 앞두고 미친 듯이 단어를 외어야 하면 어쩔 수 없이 자전거를 타고 교과서를 보며 온다.

한 자전거에 어떻게 세 명이 탈 수 있나?
핸들에 한 명이 타고 안장 위에 또 한 명이 탄다. 사람을 태우는 방법조차도 기가 막힌다. 주로 민호가 태워주고 나는 얻어 타는 편이다.

(최다운, 고2)

여학생들은 바지를 입고 자전거를 타나?
교복으로 바지와 치마를 둘 다 입을 수 있는데, 치마를 입고도 잘 타고 온다. 다들 초등학교 때부터 자전거를 타고 중학교 때부터는 교복 치마를 입고 타서 그런지 그런 것엔 거의 신경 쓰지 않는다.

왜 여학생들은 모두 MTB(산악 자전거) 형의 자전거를 타는가?
아무래도 이게 높이가 좀 낮아서 치마를 입고 타기에 편하다. 이런 자전거를 MTB라고 부르는 줄 몰랐다. 기어도 높아서 그런지 자전거 타기가 더 수월하다.

↑ 김동욱, 최다운(고2)

(박지은, 고1)

치마 입고 자전거를 타는 게 불편하지는 않나? 좀 아슬아슬해 보인다.

나는 초등학교 때 이곳으로 전학 왔는데, 처음에는 너무 민망해서 되게 신경 쓰였다. 지금은 그냥 무감각하다. 다들 이렇게 타고 의식하는 애들도 없다.

↑ 김여진, 한지원(고3)

↓ 박다혜(고2), 박지은(고1), 엄규원(고2)

(김민호, 고2)

자전거로 친구들을 잘 태워준다고 들었다.

나도 여기서 태어났고 초등학교 때부터 자전거로 통학해서 어쩌다 보니 자연스럽게 그런 게 가능하더라. 진짜 잘 타는 애가 한 명 있었는데, 고등학교는 다른 동네로 가서 지금은 광양제철고에 없다. 그 애는 자전거를 멈춘 상태에서 앞바퀴를 들어 올리기도 하고 묘기도 좀 부릴 줄 알았다. 할 일이 없어서 그랬는지 독학으로 그렇게 하더라.

비가 오는 날에도 자전거를 타나?

우산을 쓰고 타면 되니까 날씨나 계절에 그다지 영향을 받지 않는다. 걸어서 가면 25분에서 30분은 걸리니 어쩔 수 없다.

해안도로로 통학할 때는, 차도인데 자전거 도로가 따로 있나?

그냥 차도로 간다. 오전에는 학교에서 차도 한 차선의 차량을 통제해서 자전거로 통학하게 해준다.

↓ 김민호(고2)

↑ 자전거에 백미러를 단 학생도 있다.
↓ 여학생 전용 주차 공간.

운동장을 가로질러 집으로 돌아가는 광양제철고 학생들.
여름이건 겨울이건 가리지 않는다. 자전거 등교가 매일의 일상이다.

6

8

4

1

2

1

헤라

김종범

LIFECYCLE SHOW

2
7

5

7

커터칼

KIM JONGBUM

당신의 삶을 닮은 사이클

도배용 헤라를 발견한 계기로 자전거를 새로 만들기보다는 보통의 자전거에 필요한 기능을 덧붙이면 다른 용도의 다른 제품이 될 수 있음을 느꼈다.

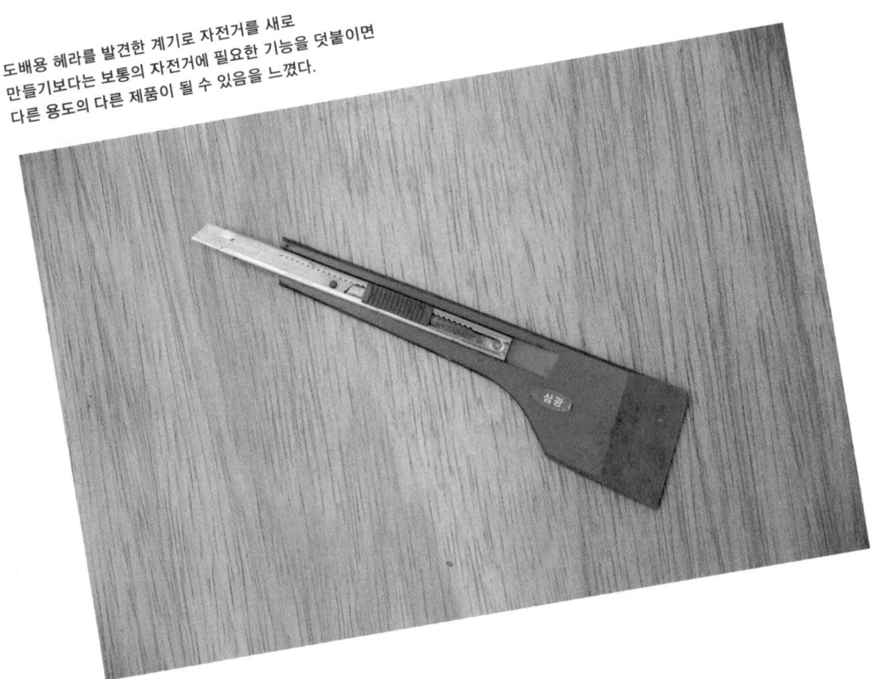

한남동 구슬모아당구장에서 지난 8월 2일부터 31일까지 '김종범: Lifecycle Show'라는 자전거 전시가 있었다. 각기 하는 일이 다른 여섯 명의 생활에 꼭 맞춘 자전거를 선보이는 전시였다. 이 자전거를 김종범은 각자의 삶의 방식을 구체화시킨 자전거라는 뜻에서 '라이프사이클'이라고 부른다.

김종범 Kim Jongbum
홍익대학교 조형대학 가구제품디자인학과를 졸업하고 디자이너 그룹 노네임노샵에서 각종 가구 및 장치물을 디자인하고 있다. 2008년부터 개인적 관심사인 자전거와 관련된 작업을 비정기적으로 하고 있다.
www.nonamenoshop.com

자전거를 매개로 작업하게 된 계기는 무엇인가?

나는 자전거 전문가라기보다는 디자이너다. 2003년부터 6명의 졸업 동기들이 모여 함께 시작한 노네임노샵이라는 콜렉티브 집단에서 공간 관련 작업을 하고 있다. 카페나 가게, 전시 공간 디자인을 맡아서 기획하고 그에 맞는 가구를 만든다. 그때그때 필요한 것들을 만들다 보니 목공이나 용접이 필요한 수작업이 일의 대부분을 차지한다. 노네임노샵의 결과물들은 전통적인 가구와는 조금 다르다. 전통 가구의 문법이 원목의 짜임을 중심으로 한다면 우리는 산업기반 하에 등장한 합판이나 기성 공업재료, 컨테이너 등에서 느껴지는 미감을 중요시하는 편이다. 2008년에 도시 갤러리 프로젝트의 하나인 '00시장과 움직이는 00가게'에 참여한 적이 있다. 여기에 참여한 사람들은 각기 다른 9개의 움직이는 가게를 만들었다. 동네 방송국, 씨앗 가게, 유랑도서관 등 일반적이지 않은 삶의 방식과 취향을 상품으로 내놓고 사람들에게 말을 걸기 위해 모바일 가게를 열었다. 나는 이동 이륜정비소라는 움직이는 자전거 수리점을 운영했다. 자전거 뒤에 정비함을 제작해 달고 돌아다니면서 정비가 필요한 사람들을 기다리거나 찾아 다녔다.

자전거 수리점을 할 만큼 자전거를 잘 알았나?

그전에는 막연한 관심만 있었다. 뭘 모르면서 남의 자전거를 만질 수 없으니까 알아야겠다 싶어서 바이크 아카데미에서 한 달 동안 정비 교육을 받았다. 자전거를 추상적으로 좋아하고 알고 있던 정도였는데 정비 교육을 받으면서 구체적으로 자전거를 이해하게 되었다. 굉장히 많은 것을 느꼈다.

커터칼

어떻게 자전거까지 만들게 되었나?

가구를 만드는 나는 원래 기계를 좋아했지만 내 작업과 기계를 어떻게 연결할 수 있을지 알 수 없었다. 그러다가 자전거를 접하면서 빛이 보이기 시작했다. 원래 내가 갖고 있던 감각과 기계라는 요소가 만나서 뭔가 할 수 있다는 가능성의 첫 문을 열어준 것이 자전거였다. 00시장 프로젝트를 할 때 가장 심각한 문제점이 바로 이동성이었다. 대부분 박스모양의 부스에 바퀴가 달린 형태였는데, 고장이 잘 나는 데다가 차 없이 이동하는 것이 어려웠다. 그렇다 보니 '모바일'이라는 원래의 취지와 맞지 않았다. 그런데 내가 운용한 이동 이륜정비소는 자체가 자전거여서 별문제가 없었다. 다른 가게들도 자전거 형식을 취하면 각자의 가게를 지속할 수 있겠다 싶었고, 그때 눈에 들어왔던 게 바로 카고 바이크(화물 운반용 자전거)였다. 자전거 정비가 너무 재미있다 보니 자전거도 만들어 보고 싶었다. 자전거를 어떻게 만드는지, 어디서 프레임 빌딩(자전거 몸체 제작)을 배울 수 있는지 몰랐고 막막했다. 우선 용접을 배워야겠다 싶어서 문래동에 있는 건설기능학교로 갔다. 내가 할 수 있는 수준의 작업이 아니었지만 사정해서 용접을 배웠고 나중에는 특수용접 자격증도 땄다. 그리고 바로 네 가지 종류의 카고바이크를 설계했다. 프레임 빌딩을 배우지 않았고 참고할 만한 실물도 없는 상황에서 감각만 믿고 만들다 보니 한계가 느껴졌다. 무엇보다도 제품에 확신이 서지 않았고 내가 신뢰할 수 없는 것은 유통할 수도 없다고 생각했다. 그렇게 한계에 부딪히고 더 나아가지 못하는 상황에서 우연히 어느 도배 작업자의 허리춤에서 신기하게 생긴 커터칼을 발견하고 전환기를 맞게 됐다. 기성품 커터칼에 꼭 맞춘 도배용 헤라(긁는 도구)를 붙인 것인데, 헤라질과 컷팅(연마 작업)을 연속적으로 할 수 있도록 제작한 것이었다. 그 도구의 발견을 계기로 자전거를 새로 만들기 보다는 보통의 자전거에 필요한 기능을 덧붙이면 다른 용도의 다른 제품이 될 수 있다는 것을 깨달았다.

이번 전시 라이프사이클(Life Cycle)도 거기에서 착안한 것인가?

그렇다. 누구나 가지고 있는 보통 자전거에 각자 필요로 하는 기능을 덧붙인 작업이라고 할 수 있다. 이번 전시에는 6명의 사용자들의 고유 용도에 맞게 개조한 '라이프사이클'과 커다란 짐을 옮길 수 있도록 운반장치를 부착한 트럭 사이클(Truck Cycle), 그리고 자전거로 자전거를 견인할 수 있는 토우 사이클(Tow Cycle)을 선보인다. 독특한 형상의 자전거를 만드는 것이 아니라 기존의 자전거에 기능을 덧붙인 것이 명확하게 드러나는 작업들이다.

라이프사이클이라는 개념은 직접 구상했나?

기존의 자전거에 추가 기능을 덧대어 맞춤 자전거를 만드는 것을 어떤 개념으로 정리할 수 있을지 막연하게 생각만 하고 있었다. 그러다가 첫 의뢰자인 그린씨가 자기 자전거에 장치를 달아서 이동하는 씨앗 가게를 만들고 싶다고 했다. 그때 이 작업에 '라이프사이클'이라고 이름을 붙이게 됐다. 독특한 삶의 방식과 평범한 일상을 연결한다는 의미, 즉 라이프(life)+사이클(cycle)이란 개념의 자전거를 제안하고 싶었기 때문에.

그때부터 라이프사이클이라는 타이틀 아래, 구체화된 결과물들이 나왔다. 이동식 커피숍인 비씨커피의 주인이자 바리스타인 이재훈 씨가 새로운 커피바 트레일러를 주문했다. 범블비라고 부르는데 내가 지은 이름은 아니다. (웃음) 나머지 자전거들은 전시를 준비하면서 새로 제작한 것들이다. 이 새로운 생활 수단을 통해서 경험의 확장 가능성을 보여주고 싶다.

이번 전시를 기점으로 앞으로 구상하고 있는 것이 있다면?

전시라는 매체는 부담이 크다. 짧은 시간에 많은 것을 한꺼번에 보여줘야 해서 때론 불필요한 것까지 전시해야 하는 경우도 있지만, 이번 전시는 보여주고자 하는 게 굉장히 명확했다. 라이프사이클의 개념을 단발적으로 제시하기 위한 전시가 아니다. 자전거에 기능을 덧붙이는 데 사용된 완충기능이 있는 브라켓, 다양한 방식으로 바퀴를 설치하기 위한 몸체 등은 내가 직접 설계하고 제작한 부품들이다. 작은 부품들 하나하나가 라이프사이클을 가능하게 해주는 굉장히 중요한 요소들이다. 판금 기술을 많이 쓰고 용접을 줄여 설계한 이유도 공정을 단순화 해서 빨리 제작할 수 있도록 하기 위함이다. 이런 중간 과정에 대한 고민들이 제품을 양산하는 데 도움이 된다. 장기적으로는 이들 부품이 기성품으로서 판매가 되었으면 하는 바람이 있다.

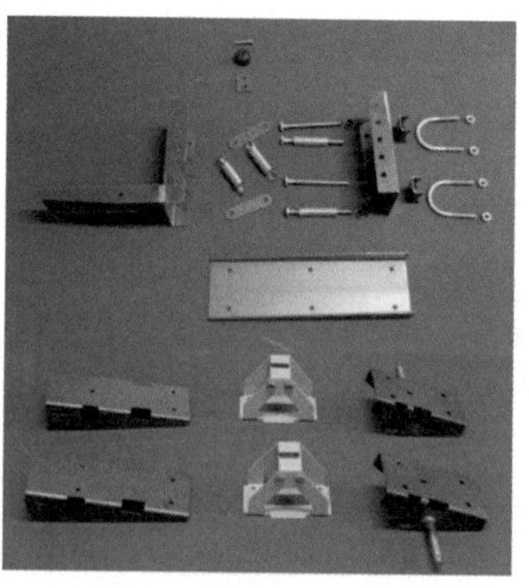

위 완충장치가 포함된 헤드 튜브에 상자를 달기위한 브라켓
아래 트럭 사이클 부품(앞쪽 확장판, 합판 처짐방지 브라켓, 바퀴 확장판)

라이프사이클의 제작자인 당신이 타는 자전거는 무엇인가?

자전거가 여러 대 있긴 하지만 콜렉터처럼 모으지는 않는다. 비싸고 좋은 자전거는 없다. 카고바이크를 만들기 전부터 방치되었거나 버려진 자전거들을 저렴하게 샀다. 당시 열 몇 대를 구매했는데, 그것들을 부분적으로 활용하거나 보수해서 사용한다. 작업실이 있는 문래동에선 자전거가 차보다 편리하다. 하지만 자전거를 매일 열심히 탄다거나 수집 하기보다는 자전거로 뭔가를 만드는 데 초점을 둔다.

자전거만이 가진 매력은 뭐라고 생각하는가?

일단 자전거에는 착한 에너지가 있는 것 같다. 그것을 좀 이용하는 편이다. 예를 들어 커피를 배달하는 경우, 자전거로 하면 더 좋은 에너지가 나오는 것 같다. 자전거가 가진 주술적인 힘이다. 기계로서의 자전거를 자세히 관찰하면 단순한 구조에 매우 합리적인 과학의 원리가 담겨있다는 것을 알게 된다. 자동차나 오토바이 같은 것들은 한참 들여다봐도 세부 원리를 이해하기 어렵지만, 자전거는 그런 면에서 접근하기 좋다. 자세히 들여다보면 작동 원리를 알 수 있는데, 다가간 만큼 이해할 수 있는 사물이라고 생각한다. 사실 오토바이도 굉장히 좋아하는데, 자전거만큼 문을 잘 열어주지는 않는 것 같다.

대림미술관의 구슬모아당구장 갤러리에서
2014년 8월 한 달간 라이프 사이클 전시가 열렸다.
작가로 참여한 그는 관람객이 올 때마다
각각의 자전거 특성과 제작 과정 하나하나를
꼼꼼히 설명해 주는 도슨트 역할을 자임했다.

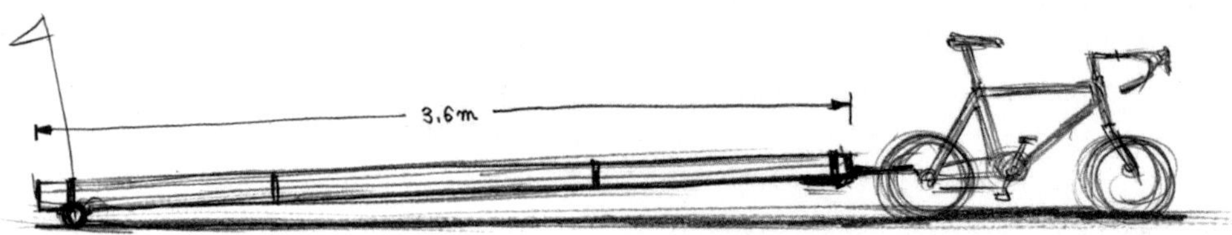

김종범의 트럭 사이클 드로잉.
김종범의 아이디어 스케치와 전지의
일러스트레이션이 라이프
사이클을 이해하는 데 도움이 된다.

클라이언트가 나 자신이기도 한데, 무겁고 큰 자재를 자주 날라야 하는 필요 때문에 만들었다. 내가 하는 작업을 상징적으로 보여주는 자전거다. 트럭 사이클은 트럭을 이용해야만 운반 가능한 것들을 최소한의 부품을 조합하여 자전거로 운반하기 위한 장치다. 건축용 합판(1220mm x 2440mm)이나 건축용 각목(3600mm)을 구매하다 보면 재료 값보다 운반비가 더 많이 드는 경우가 나오기도 한다. 트럭 사이클은 자재 자체가 구조체가 되도록 설계한 운반용 자전거다. 별개의 부품이 아닌 공통의 부속품들을 다르게 조립하여 각각의 다른 상황에 대응하여 쓸 수 있고 바퀴를 끈으로 각목에 묶어서 각목을 움직이던가, 바퀴를 분해해 합판의 두 모서리를 잡고 옮길 수 있다. 이 외에도 사용자가 임의로 상자에 부착해 트레일러처럼 사용할 수도 있다.

1 트럭 사이클 (TRUCK CYCLE)

1

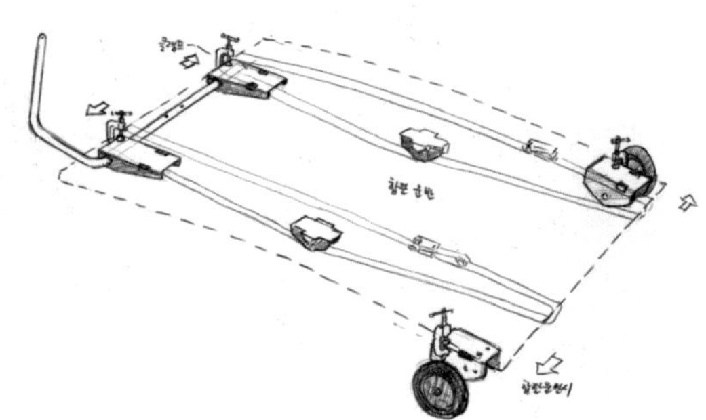

견인차처럼 고장 난 자전거를 수거해 오는 등 자전거를 운반하기 위한 자전거다. 뒷바퀴 축에 최소한의 장치를 이용해 견인할 자전거의 앞바퀴를 떼어내고 견인장치에 포크를 고정한다. 자전거로 자전거를 운반하는 거다. 누구나 자전거를 옮길 수 있고 자전거 가게에서 자전거를 배송할 때 유용하게 사용할 수 있다.

토우 사이클 (TOW CYCLE) 2

Greenc (그린씨)의 씨앗 가게

3

라이프사이클을 처음 주문한 사용자가 그린씨다. 그린씨는 디자이너이고 주로 환경을 주제로 작업을 한다. 어디로든 이동할 수 있고 일(work)하며 장사(shop)도 할 수 있는 장치를 만들어 달라고 했다. 식물을 키우고 생활을 가꾸다 보면 현대인들이 잃어버린 생태적 감수성, 그 감각이 깨어나지 않겠냐는 생각에서 시작한 '씨앗 쿠키'를 담을 수 있는 상자를 달았다. 이 흙덩이 같은 것 안에 씨앗이 들어있어 식물이 스스로 발아할 수 있다. 앞에 단것은 페일통인데 모래나 물을 담고 이동할 수 있도록 한 것이다. 자전거에 간단한 장치로 부착되어 있어 모든 상자와 도구를 분리할 수 있다.

스위트 스튜디오 달 디(Sweet Studio DAL D)는 주문자의 특별한 사연을 담은 케이크와 쿠키를 만드는 곳이다. 주말 장터 마르쉐에 정기적으로 나오는데 직접 만든 쿠키와 케이크를 가까운 동네로 배달할 수 있었으면 했다. 또 쿠키나 케이크와 자전거가 잘 어울렸으면 하는 바람도 갖고 있었다. 나는 자전거 앞에 케이크가 들어가도록 상자를 제작했고 서스펜션(충격을 흡수하는 완충장치)을 달아 자전거가 덜컹거려도 케이크가 온전하게 보존되도록 했다.

4 스위트 스튜디오 달 디 (Sweet Studio DAL D)

이진경 작가

쌈지 아트디렉터를 지냈던 미술 작가다. 이 분을 통해 나는 결국 트레일러가 달린 자전거를 구상하게 됐다. 물건을 주워서 담을 수 있는 카트, 먹거리를 수납할 수 있고, 차를 끓여 마실 수 있는 도구와 스피커, 텐트, 그림 도구 등 많은 물건을 담을 수 있는 자전거를 원했기 때문이다. 박스에 트럭 사이클에서 사용한 바퀴 시스템을 접목해서 트레일러를 만들었다. 그 위에 다른 박스를 올리면 2층으로 된 박스 트레일러가 된다.

비씨커피 (BICI Coffee) 카페

모바일 커피숍 비씨커피의 배달용 자전거다. 옆에 달린 빨간 가방은 아이스박스다. 자전거 앞에 달린 트레이에 서스펜션을 장착해서 차가운 음료를 쏟지 않고 배달할 수 있다. 프레임에 걸친 주머니에는 명함, 빨대, 리드(컵 뚜껑) 등을 넣고 다닐 수 있다. 각 물품의 크기에 맞는 주머니를 직물에 달았다.

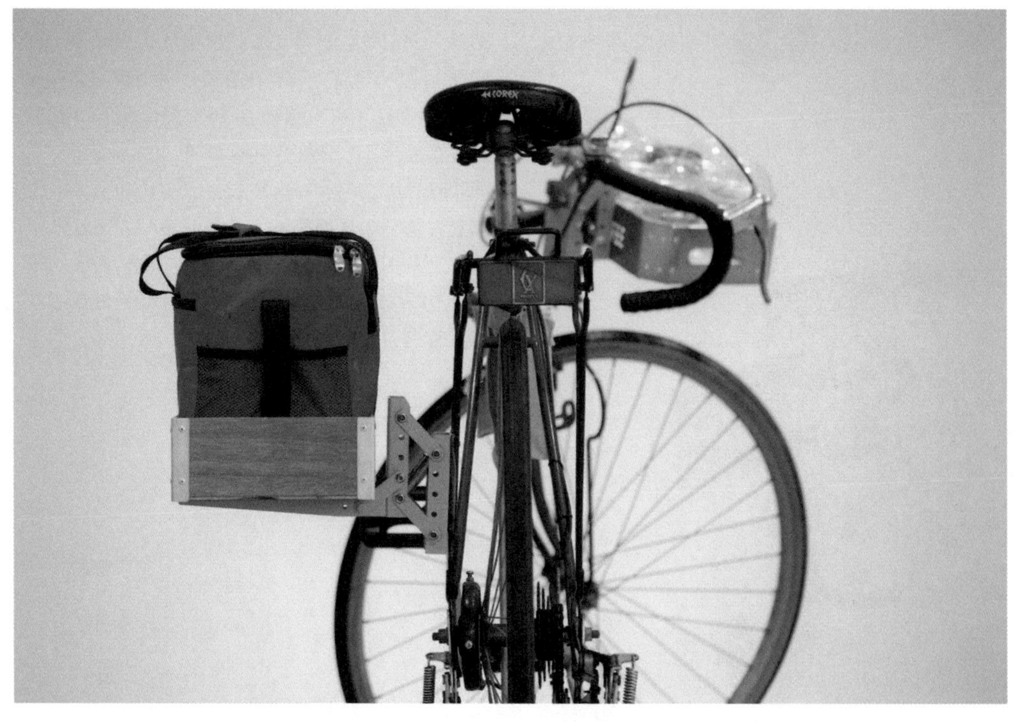

김이박 씨의 이사하는 정원

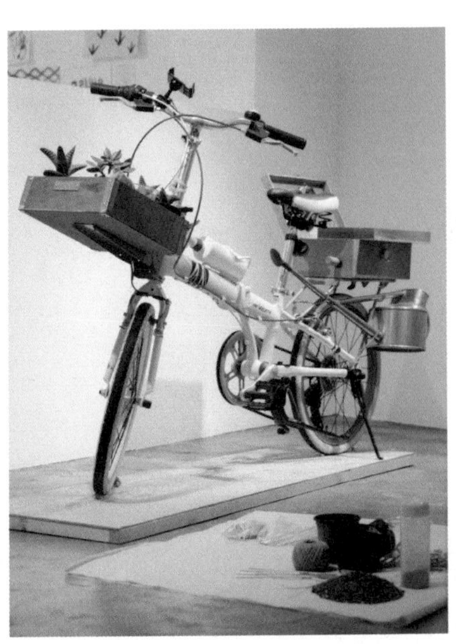

김이박 씨는 화가이자 플로리스트다. 원래는 활동적이지 않았는데, 식물을 돌보고 알아가면서 사람들을 만나기 시작했고 조금씩 활동적으로 바뀌었다고 한다. '이사하는 정원'은 김이박 씨의 프로젝트로, 식물을 키우는 지인들의 식물을 돌봐주면서 자연스레 시작된 '식물 병원' 같은 식물 치료 프로그램이다.

전지는 만화가 겸 일러스트레이터이고 내 아내다. 만화도 그리지만 마켓 같은 것이 열리면 간판을 걸고 초상화를 그린다. 그냥 혼자 앉아서 하면 뻘쭘하겠지만, 자전거가 있으면 작업을 펼쳐놓을 수 있고 사람들도 편하게 다가올 수 있다. 전지는 현장의 고유한 감각을 좋아하는데 직접 사람을 마주하고 그림을 그리면 어느 정도 긴장감이 생기고 집중이 더 잘 돼서 좋은 그림이 나온다고 한다.

전지 8

편지의 작가시점

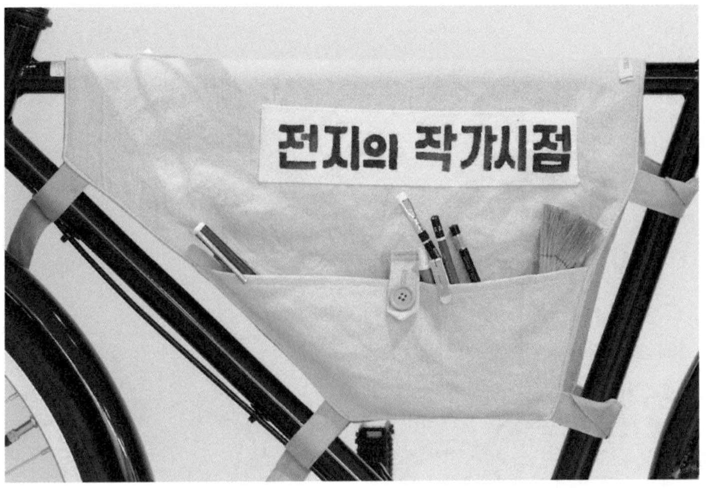

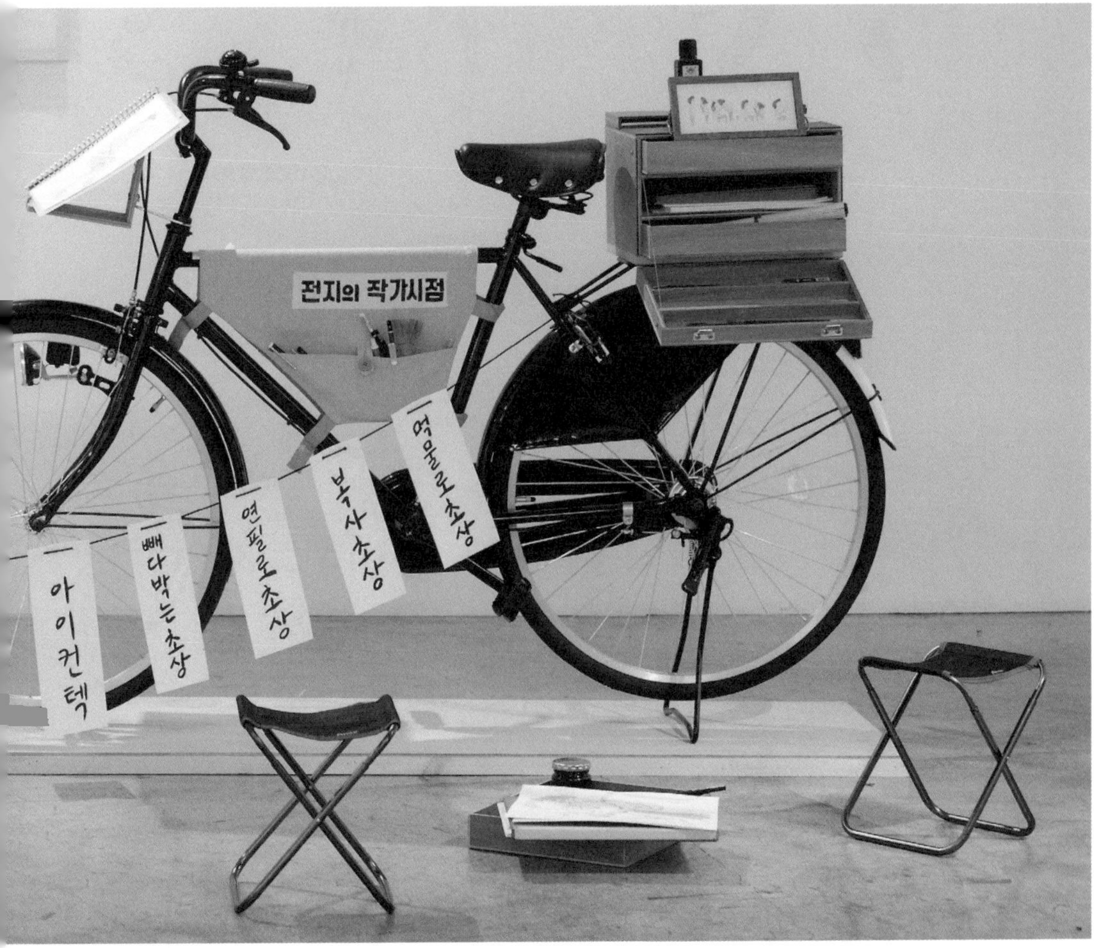
편지의 작가시점
아이컨택
빼다박는 초상
연필로 초상
복사 초상
먹물로 초상

BP3

연구하며 달리는 사이클리스트 이재용

한국교통연구원 소속 자전거 연구원은 어떻게 자전거를 탈까? MTB 대회 입상, 비경쟁 장거리 레이스인 그란폰도 대회 출전, 상승고도 1만 미터 도전… 여느 자전거 마니아와 다를 바 없는 사이클 인생이다. 특별한 점은 오히려 다른 데 있다. 그는 도로에서의 자전거의 권리를 주장하는 '쉐어 더 로드' 캠페인을 시작한 주역이다. 그는 자전거도 엄연한 '차'이기 때문에 도로를 자동차와 합리적으로 공유해야 한다고 말한다.

이재용 LEE JAEYONG
학부와 대학원에서 교통공학을 전공한 이재용의 직업은 자전거 연구원이다. 그는 한국교통연구원 교통안전/자전거 연구실에 소속되어 9년째 교통안전과 자전거에 관한 연구를 하고 있으며 현재 도시계획과 박사 과정을 밟고 있다.

자전거 연구원은 자전거와 관련해 어떤 일을 하는 사람인가?
정확히 말하면 한국교통연구원 '교통안전/자전거 연구실'의 전문 연구원이다. 주로 교통안전 분야와 자전거 분야의 연구를 하고 있다. 2006년 입사 이후 대중교통 관련 업무를 하다가 이명박 정부의 자전거 정책지원을 위해 2009년 국가자전거교통연구센터가 만들어졌고, 그때부터 자전거와 인연이 닿아 관련 업무를 하고 있다. 자전거 인프라 계획, 자전거 정책지원, 자전거 안전 관련 연구 등을 하는데, 자전거 주관 부처인 안전행정부 그리고 자전거 이용 활성화 계획을 수립하는 지자체와의 업무 협의가 많다. 한동안 녹색성장이란 이름으로 이산화탄소 배출이 많은 자동차 이용을 줄이고 자전거 이용을 늘리는 방안에 대한 연구가 많이 진행되었는데, 요즘은 교통안전이 주요 화두가 되어 안전한 자전거 이용에 대한 연구가 대세다. 세계적으로도 건강 교통수단인 자전거에 대한 관심이 많다. 연구원에서도 병원과 연계하여 건강에 있어서의 자전거의 효과에 대한 연구를 진행한 적이 있다.

기억나는 연구 사례를 들려준다면?

이건 꽤 고통스러웠던 연구인데, 자전거 교통사고의 영상 분석을 통해 그 사고 요인과 특성을 분석하는 연구가 있었다. 교통사고가 담긴 블랙박스 영상 6000여 건을 다 보고 나서 그중 자전거 사고 91건을 찾아내 사고를 유형별로 나누는 작업이었다. 사람이나 자전거가 자동차에 치이는 영상을 연속해서 보니까 정신적으로 좀 힘들었다. 영상을 보면서 자전거 사고는 누구에게나 일어날 수 있다는 것을 깨달았다. 아무리 유능한 라이더라도 사고가 날 수밖에 없는, 예측 불가한 상황이 있다. 나 역시도 지금까지 자전거 사고가 크게 나지 않은 것은 운이 좋아서일 뿐이라는 생각이 들었다. 차가 오는지 확인하지 않고 달리는 자전거, 교차로에서 불법 주·정차 차량 탓에 자전거와 자동차가 서로 인식하지 못하고 맞닥뜨리는 경우, 자동차 운전 부주의나 음주 운전 따위로 자전거를 들이받는 경우가 많다.

당신이 진행한 '쉐어 더 로드'(Share the Road) 캠페인에 대해 설명해달라.

자전거의 도로 점유에 관한 사람들의 인식을 높이기 위해 '쉐어 더 로드'(Share the Road) 문구가 있는 차량용 스티커를 만들어 배포했다. 2012년에 상주에서 도로 연습 중인 사이클 선수들이 DMB를 시청하며 운전하던 트럭에 치어 여자 선수 3명이 현장에서 사망하고 4명이 중상을 입는 사고가 있었다. 인터넷 뉴스에 달린 댓글을 보고 공황장애가 오는 줄 알았다. "자전거가 왜 도로를 달리고 난리야"라는 식으로 도로를 달리는 자전거를 힐난하는 사람들이 꽤 많았기 때문이다. 자전거는 현행 도로교통법상 차로 분류되어 도로로 통행하게 되어있기 때문에 당연히 도로로 다니는 게 맞는데, 이에 대한 인식이 턱없이 부족한 거다. 사람들의 인식을 단번에 바꾸는 일은 쉽지 않지만, 자전거의 도로 주행은 당연한 것이라는 사실을 조금이나마 더 알리기 위해 무슨 일을 할 수 있을까 고민하다 'Baby on Board'(아이가 타고 있어요) 스티커가 붙어있는 자동차를 보고 힌트를 얻었다.

자동차 운전자들이 자전거의 도로 주행을 당연시 하는 표어를 여기저기서 본다면 자전거 도로 주행에 대한 거부감이 자연스럽게 희석되지 않을까 싶었다. 아내의 친구가 디자인 도움을 줘 몇 가지 시안을 만들어 온라인 투표에 부쳤다. 스티커 업체를 알아봤더니 내가 투자할 수 있는 예산으로는 몇백 개밖에 만들지 못하겠더라. 그래서 블로그와 SNS를 통해 후원을 요청하는 글을 올렸고 열세 분이 기부 의사를 표했다. 마침 3M 회사에서 무료로 스티커를 제작해주기로 했다. 기부 받은 돈은 스티커를 배포하는데 썼다. 온라인 커뮤니티를 통해서 스티커 신청을 받았다. 1000장을 제작 했는데 380분이 1,821장을 신청해 한 사람당 최대 5매를 보냈다. 전국 단위로 스티커를 뿌리다 보니 내가 사는 이곳 일산에서 스티커가 붙어 있는 차를 보기는 힘들다. 무주 그란폰도[1] 대회에 나갔더니 주차장에 세 대 중 한 대 꼴로 스티커가 붙어 있었다. 바람직한 곳에 스티커가 정주하고 있다는 생각이 들었다.

1. 그란폰도(Granfondo)
이탈리아어로 'Long Distance or Great Endurance' 라는 뜻으로 자전거를 이용한 비경쟁 방식의 동호인 대회를 의미한다. 이탈리아어로 긴 거리를 이동한다는 의미의 그란폰도는 유럽을 비롯한 각국에서 마라톤 이벤트로 열고 있으며 아마추어·프로 구분 없이 모두 참가할 수 있는 자전거 동호인의 축제다.

↓ 온라인 투표에 부쳐 최종 선정된 쉐어 더 로드 (Share the Road) 스티커. 밤에도 밝게 빛나는 재질의 코팅 스티커로 제작했다.

자전거를 얼마나 오래 탔나?

자전거는 대학원 때부터 지금까지 약 10년 정도 탔다. 그전에는 난간이나 계단을 타고 묘기하는 어그레시브 인라인이라는 스케이트를 오래 탔고, 레이싱 대회에 나간 적도 있다. 대학원 시절에 저렴한 보급형 자전거를 끌고 처음 4박 5일 장거리 여행을 갔다가 너무 힘들어서 부산 해운대에 자전거를 버리고 왔던 기억도 있다. 2006년 한국교통 연구원에 들어와서는 저렴한 MTB(산악자전거)로 출퇴근을 하다가 어느 날 명칭도 '산악자전거'이고 하니 정말 자전거를 타고 산에 가봤다. 할아버지 할머니도 오르막을 올라가는 걸 보고, 힘만 믿고 페달을 밟았는데 자꾸만 넘어졌다. 나중엔 구덩이에 빠지면서 앞바퀴가 휘어버렸다. 알고 보니 내 자전거는 산에서는 절대 타면 안 되는 유사 MTB였던 것이다. 그러고 나서 자이언트(Giant)의 입문용 MTB를 장만해 4년 정도 열심히 탔다. 그 자전거로 산도 많이 다니고 계단 오르기, 묘기 연습도 하다가 휠이 휘어져서 두 번이나 갈았다. 결국에는 점점 더 좋은 자전거로 '기변'을 해왔다. MTB에 입문하고 욕심이 생겨 풀샥MTB(앞뒤 모두 서스펜션이 있는 MTB)를 타다가 작년부터는 하드 테일 (앞에만 서스펜션이 있는 MTB) 29인치 휠의 MTB를 타고 있다. 자전거를 BMC로 바꾸고 나서 매년 나가던 MTB대회에서 기록을 20분이나 단축했다. 뜻밖에도 3위에 입상해서 처음으로 포디움에 올라가기도 했다. BMC는 스위스 회사의 자전거다. 내게 잘 맞는다는 느낌이 들어 로드 바이크 (도로 속주용 자전거)도 BMC로 바꿨다. 꽤 비싼 자전거 브랜드여서 비용이 많이 들지만 다행히 아내도 자전거 애호가라서 이해해 준다.

BMC

LEE JAEYONG

두 자전거를 한 번에 옮기는 방법을 선보이는 이재용 연구원.

보통 사람들은 비싼 자전거 사는 걸 이해하지 못하지 않나?

흔히 하는 얘기로 결혼하고 나면 아내의 반대로 좋은 자전거는 절대 못 사기 때문에 결혼 전에 질러야 한다는 말이 있다. 빚을 둘이 같이 갚는 한이 있더라도. 나는 지금 아내와 연애를 하기 시작하면서 자전거를 하나 선물했다. 처음엔 7km 가는 것도 힘들어 했는데 꾸준히 데리고 다니며 14km, 30km로 주행 거리를 늘려가다 마지막에는 일산에서 속초까지 250km를 다녀왔다.

지금 타고 있는 자전거가 아마 궁극의 자전거일 것 같은데.

그런 자전거가 되길 바란다. 기변도 병이다. 지금 타고 있는 자전거가 정말 나와 잘 맞고 좋은 기록을 내고 있다. 하지만 가격 대비 내게 가장 큰 기쁨을 준 자전거는 라이딩을 제대로 시작한 계기가 된 자이언트 MTB였다. 지금은 그때만큼 재미있지는 않다. 당시는 기술이 하나하나 늘어나는 것만으로도 행복했다. 최근엔 크로몰리 싱글기어 자전거를 중고로 싸게 샀다. 자전거에 유아용 시트가 장착되어 딸 아이를 태울 수 있다. 날씨가 좋으면 아이를 태우고 어린이집에 데려다 준다. 또 다른 재미다. 싱글기어가 어떤 것인지 궁금하기도 했고, 나름 픽시(고정기어 자전거)를 탄다는 자부심도 들어서 좋다.

MTB 대회에서 입상할 정도면 실력자인 것 같다. 자전거 경기에 많이 나가는 편인가?

MTB는 오래 타기도 했고 실력도 있는 편인데 로드 바이크를 제대로 탄 지는 얼마 되지 않았다. 작년에 무주 그란폰도*에 처음 나갔는데, 이 경기는 완주를 목적으로 하는 비경쟁 대회로 6개의 높은 고개를 넘어야 하고 135km의 긴 거리를 7시간 36분 안에 달려야 한다. 나는 7시간 40분 만에 들어왔으니 제 시간 안에 들어오지 못한 거다. 전체 참가자 중 60%는 시간 내에 들어온다. 같이 간 친구는 7시간 30분 만에 들어왔다. 그 후에 연습을 많이 해서 올해는 5시간 55분에 들어왔다. 생각보다 기록이 빨라서 놀랐다.

그런 종류의 레이스에선 주변 경관을 즐기는 여유도 있을 것 같다.

(웃음) 잘 타는 분들은 가다가 사진도 찍고 즐기면서 타지만 나는 작년에 실패한 경험이 있기 때문에 그럴 여유가 없었다. 올해는 시간별 예상 통과지점을 표기한 로그를 프린트해서 탑 튜브에 붙여놨다. 처음 지점은 계획했던 시간 내에 도착하지 못했다. 이를 갈고 세 번째 고개의 휴식처에서 쉬지도 않고 달렸더니 지점별 예상 도착시간이 점점 단축되더라. 올해는 승산이 있겠다는 생각이 들었고 실제로 시간을 엄청나게 줄였다. 굉장히 묘한 기분이었다. "어? 이상한데, 이 시간에 벌써 여기 와있네?" 했다.

올해 경기를 위해 얼마나 연습했는가?

3~4개월 전부터 준비에 들어갔다. 우선 한 달 동안 체중은 15kg을 줄였다. 그리고 파주 헤이리 코스를 80일 목표로 열심히 탔다. 일산에서 자유로 옆으로 난 길을 따라 헤이리 영어마을까지 갔다가 돌아오는 코스인데, 이 코스의 평속(평균속도)을 점차 올려 나갔다. 평상시 평속이 29~30km인데 대회 전까지 평속 35km 주파를 목표로 연습했다. 평속 0.1km를 올리기 위해 일주일에 서너 번 연습했고 대회 전에는 목표였던 평속 35km를 찍었다. 사실 이 훈련 기간이 무주대회보다 더 힘들었다. 기록이 안 좋은 날은, '왜, 어제보다 속도가 늘지 않았을까? 바람 때문이야, 역풍이 있었어' 하며 스스로를 위로하기도 했다.

그란폰도 등 다양한 경기가 점점 더 늘어나고 있다. 이전과는 다른 변화가 있나?

사이클 경기의 분위기가 달라지고 있다. 작년에는 여성 참가자가 전체의 10% 정도였던 것 같은데 올해는 확실히 20%는 되는 것 같더라. 연령대도 점점 더 내려가고 여성의 참여가 두드러지는 가운데, 이젠 MTB를 타면 할아버지 이미지가 된다는 것도 느낄 수 있다. (웃음) 요즘은 40~50대 분들도 로드 바이크를 많이 타서, "야, 너는 왜 할아버지처럼 MTB를 타?" 같은 소리도 듣는다.

그렇게 힘껏 달리고 나면 한동안은 쉬고 싶을 것 같다. 오히려 자전거에 더 재미가 붙는다. 한 번에 상승고도 1만 미터를 찍는 라이딩을 한 적이 있다. 경사도10%가 넘는 오르막길을 100km 이상 달리는 셈이다. 이 날은 혼자 18시간 동안 자전거만 탔다. 언젠가 '크레이슨'이라는 아이디를 가진 사람이 상승고도 1만 미터를 기록하고 그 후기를 온라인에 올린 적이 있다. 북악 스카이웨이의 상승고도가 200m가량 된다. 여기를 21시간이나 쉼 없이 돌아 상승고도의 합이 1만 미터가 넘게 달린 것이다. '상승고도 1만 미터 = 1크레이슨'이라는 신조어까지 생길 정도였다. SNS를 통해 이 이야기를 접하고 처음에는 '세상엔 또라이가 참 많군' 하고 넘어 갔는데 점점 어쩌면 재미있는 시도일지도 모르겠단 생각이 들기 시작했다. 그러다 스트라바(Strava)[2]에 9일간 에베레스트 높이인 8천8백m를 오르는 미션인 라파라이징(Rapha Rising) 공지가 떴을 때, "나도 해보고 싶다"와 "과연 할 수 있을까?" 하는 생각이 마구 교차했다. 일단 한번 해보고 싶었다.

어디서 1만 미터를 돌 것인가, 낮은 경사로를 빠르게 오르는 게 나을까, 높은 경사로를 천천히 오르는 게 나을까 등을 고민하다가 무주 그란폰도에서의 나의 벨로뷰어(Veloviewer)[3] 기록을 다시 꺼내봤다. 벨로뷰어라는 프로그램을 사용하면 고도별, 경사도별 속도를 확인할 수 있다. 경사에 따른 속도의 평균값을 이용하여 1시간 동안 내가 오를 수 있는 높이를 경사에 따라 나눠보았다. 그 결과 경사도 12%에서 1시간 동안 달리면 최대 상승 높이는 1080m라는 계산이 나왔다. 경사도 10~12%인 오르막길이 있는 산을 찾아보니 영월의 별마루 천문대가 있는 봉래산이 제격인 것 같았다.

2. 스트라바(Strava)
자전거용 애플리케이션. 자전거 속도, 고도, 이동거리 등 기본 데이터를 저장하며, 같은 구간을 이동한 사람들 간의 속도를 비교하는 기능 등을 제공한다. strava.com

3. 벨로뷰어(Veloviewer)
스트라바와 연동하여 GPS데이터를 분석·제공하는 사이트. veloviewer.com

산을 모두 몇 번 왕복했나?

해발고도 800m의 봉래산 정상을 21번 왕복해서 1만 미터를 찍었다. 밤이 되니 정말 무섭긴 했다. 아침부터 자정까지 계속 탔다. 하필이면 밤 12시 즈음에 라이트가 나갔다. 가로등 하나 없는 야산이었고 불빛에 반사된 동물의 눈빛이 보이고 웅성웅성 부스럭 소리가 들리다 외마디 비명과 함께 조용해지는 것이 반복됐다. 뱀을 밟을 뻔 하기도 했다. 다른 차는 거의 없었고 여기서 넘어지면 야생동물의 먹이가 되겠단 기분이 들었다.

그렇게까지 자전거를 타는 이유는 뭘까. 오기 때문인가, 아니면 성취욕?

나도 3000m를 넘기고부터는 내가 왜 이러고 있는지 모르겠고, 이건 의미가 없다는 낭패감이 들었다. 꾸역꾸역 끌려가는 느낌인데, 발을 멈추는 순간 넘어질 것 같아 악을 쓰고 오를 수밖에 없는 상황인 거다. 그렇게 목표치의 절반을 타고 너무 힘들어서 아내에게 전화했더니, "뭐야, 겨우?"라고 하더라. 마음을 다잡고 다시 올라갔다. 7000m를 넘어가면서 도로가 침대로 보였고 8000m에 이르자 모든 고통과 감각이 사라졌다. 너무 더우면 아무 생각이 없어진다. 1만 미터 찍고 나서는 정말 죽는 줄 알았다. 솔직히 말해 추천하고 싶지는 않은 도전이다. (웃음) 업힐 왕 마르코 판타니(Marco Pantani)는 기자들이 왜 이렇게까지 타느냐고 묻자, "이 고통을 빨리 끝내려고"라고 대답했다고 한다.

외롭지는 않았나?

별로. 동물들과 함께 했으니까. (웃음)

자전거 레저 인구가 확실히 늘어나고 있지만, 여전히 자전거의 위상은 다른 교통수단에 비해 높지 않은 것 같다.

우리나라의 전체 교통수단 분담률 중 자전거가 차지하는 비율은 2.6%밖에 되지 않는다. 해외 사례를 연구해 보면 자전거의 교통수단 분담률이 6% 이상이 되면 자체 동력이 생기고, 자전거의 권리를 당당히 주장할 수 있는 파워가 형성되는 것 같다. 98%가 지배하는 세상에서 2%만을 위해 입법·행정적인 지원을 펼치기에는 어려움이 있다. 반면 6%는 무시할 수 없는 수치다. 정부나 국회에서도 그들의 입장에 신경 쓰지 않을 수 없다. 한편 교통수단 분담률은 목적 통행은 제외하고 계산한 것이다. 목적지 없이 운동이나 레저용으로 자전거를 타는 것은 목적 통행 수치에 들어가지 않는다. 운동과 레저 위주로 자전거를 타는 사람을 자전거 인구에 포함한다면, 우리나라 자전거 인구는 4% 정도 된다.

생활과 레저 목적으로 자전거 이용이 양극화되고 있다. 일반인들은 쫄쫄이 복장과 헬멧 착용에 부담을 느낀다.

2010년 전국자전거도로기본계획이라는 연구에서 레저 목적의 라이더들이 생활 목적의 자전거 이용으로 옮겨가는 추이를 관찰한 적이 있다. 많은 사람들이 레저와 운동으로 자전거를 타기 시작하지만 결국에는 출퇴근용으로 자전거를 이용한다. 레저용 자전거와 생활형 자전거는 그렇게 칼로 자르듯이 구분할 수 있는 것은 아닌 것 같다. 자전거 이용자들이 증가하고 있는데, 헬멧을 법으로 강제한다면 오히려 자전거 활성화에 해가 된다고 본다. 헬멧을 쓰면 머리가 망가지고 덥고 불편하다. 당연히 자전거를 처음 접하거나 편하게 타고 싶은 사람들은 헬멧을 피할 수밖에 없다. 찬반 의견과 상관없이 헬멧 착용 법제화에 대한 나의 생각은 조금 다르다. 법이라는 것은 자고로 지키자고 만드는 것인데 단속하지 않는 것은 의미가 없다. 자전거 이용 활성화법에 따르면 12세 이하의 어린이는 안전장비를 착용하게 돼있다. 그러나 실제로 경찰이 아이들이 안전장비를 착용했는지 단속하나? 자전거 쪽에서는 만들어놓고 단속하지 않는 법이 아주 많다. 경찰이 엄두를 못 낸다. 그런 점에서 법제화를 하느냐 마느냐가 중요한 게 아니다. 헬멧을 강제하는 법을 만든다고 해결될 문제는 아니다. 개인적으로는 규제보다는 우선 이용 활성화에 더 노력을 기울일 필요가 있다고 생각한다.

'헬멧을 써야 한다 vs. 쓰지 않아도 된다'에 대한 당신의 생각은?

사람들이 자전거에 관해서 이야기할 때, '자유'를 많이 언급한다. 자전거를 탔을 때의 상쾌함과 즐거움. 나는 규제는 최대한 줄여야 한다는 입장이다. 사람들에게 좀 더 맡겨두자는 것이다. 굳이 규제하겠다면 지역을 나눠서 적용했으면 한다. 도로로만 다니는 사람이 있고, 강변이나 자전거 도로, 공원으로만 달리는 사람이 있다. 교통사고가 일어날 수 있는 지역을 달리는 사람들은 헬멧을 착용하는 게 좋다. 중상 이상의 사고위험이 많은 도로를 이용하는 자전거만 헬멧 규제를 하고 나머지 자전거 도로, 보도 등에서 이용하는 사람에게는 규제 없이 자율에 맡기는 것이 바람직하다는 생각이다.

앞으로 하고자 하는 연구나 일이 있다면?

불행히도 우리나라에서는 자전거 관련 연구가 턱없이 부족한 실정이다. 다른 나라처럼 운전자들이 자전거를 보호해 주지도 않지만 자전거 인구는 급증하고 있고, 그와 더불어 자전거 사고가 지속적으로 증가 추세를 보이고 있다. 그 누구도 도로에서 사고로 다치는 일이 없어야 한다. 앞으로 자전거 안전과 관련된 연구를 계속 해나갈 생각이다. '쉐어 더 로드' 캠페인처럼 작은 일이지만, 홍보 활동도 멈추고 싶지 않다. 페이스북 같은 SNS에서 자전거 타는 사람들과 교류를 하고 있는데, 이들과 같이 자동차를 운전하면서 자전거가 옆을 지나갈 때 비상등 켜주기 운동을 해보고 싶다. 비상등을 켜는 것은 작은 일이지만 그럼으로써 뒤따르는 다른 운전자가 자전거를 한 번 더 보게 될 것이고 그만큼 사고를 줄일 수 있을 거라 생각한다. 큰 운동은 아니지만 여러 명이 뜻을 모으면 분명히 사람을 살리는 힘을 발휘할 거라 믿는다.

자전거에 빠지기 시작하면서 두 바퀴만으로 계단을 오르내리는 묘기 연습에 몰두하곤 했다. 순수하게 자전거를 가지고 놀던 초심이 생각나 오랜만에 시도해봤다.

바이시클 프린트

데이터 기반의 운동, 사이클

국민대학교 시각디자인과 학생인 소원영은 텀블벅이라는 클라우드 펀딩 운영자로 잘 알려져 있으며 데이터 비주얼라이징 분야에서도 두각을 나타내는 젊은 디자이너로 인정받고 있다. 소원영이 극강의 인내를 바탕으로 하는 로드 사이클의 매력과 데이터 기반의 자전거 타기에 대해 이야기한다.

소원영 So Wonyoung 국민대학교 시각디자인학과에 재학 중이다. 주로 컴퓨터를 이용한 양적인 작업, 특히 네트워크 시각화와 매핑(mapping)을 중심으로 작업하며 자유로운 창작 시스템을 만드는 것에 관심이 많다. 2008년부터 2011년까지 데이터 시각화 그룹 랜덤웍스를 만들고 활동했으며, 이후 크라우드 펀딩 플랫폼인 텀블벅을 만들고 운영해오다 최근 독립해서 개인 작업과 학업을 병행하고 있다. wonyoung.so

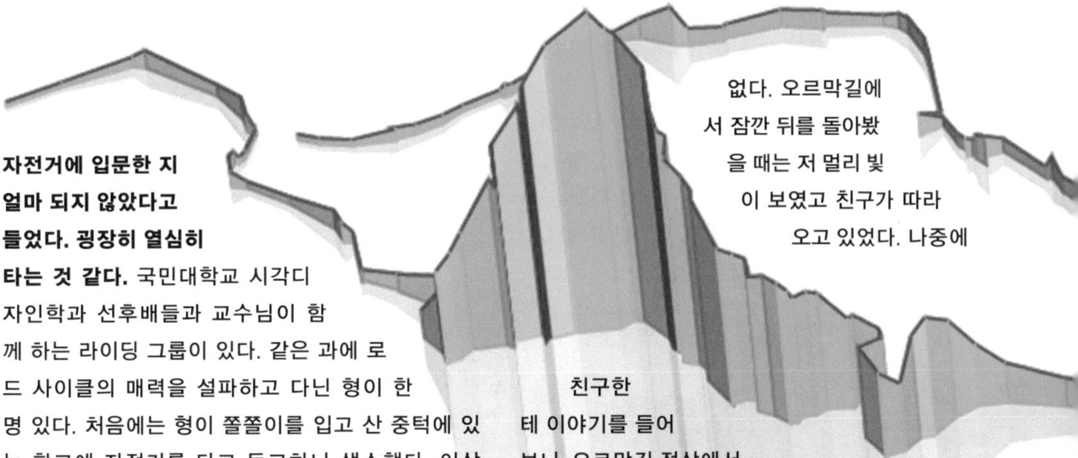

자전거에 입문한 지 얼마 되지 않았다고 들었다. 굉장히 열심히 타는 것 같다. 국민대학교 시각디자인학과 선후배들과 교수님이 함께 하는 라이딩 그룹이 있다. 같은 과에 로드 사이클의 매력을 설파하고 다닌 형이 한 명 있다. 처음에는 형이 쫄쫄이를 입고 산 중턱에 있는 학교에 자전거를 타고 등교하니 생소했다. 이상한 형이구나 생각했다. (웃음) 그런데 다들 졸업하고 난 이후에, 뭐에 홀린 것처럼 로드 사이클의 매력에 빠져 그 형의 주도로 자전거를 타고 여기저기 놀러도 다니고 맛있는 것도 먹고 하기 시작했다. 이런 소식이 평소 로드 사이클을 즐기시던 국민대학교 시각디자인과 성재혁 교수님께 전해져 2014년 초부터 KMUVCD 랜도너스[1]라는 이름 하에 라이딩을 하기 시작했다. KMUVCD는 국민대학교 시각디자인학과(Kookmin University Visual Communication Design)의 약자다. 600km 브레베(Brevet, 랜도너스 프로그램 내 개별 레이스)를 완주하기 위해 같이 연습하고 있고, 올해는 우선 서울 200km, 300km 브레베를 함께 완주했다. 400km도 함께 달리다 내가 낙차(라이딩 도중 운전자가 자전거에서 떨어지는 것)하는 바람에 올해 브레베는 접게 되었다. 그렇지만 여전히 가끔 모여 타러 나간다. 내게는 로드 사이클의 매력을 알려준 소중한 그룹이다. 장거리 레이스인 브레베를 준비하면서 자전거에 더 깊이 빠졌다. 이렇게까지 타는 것은 일반적인 범주는 아니다. 올해 초부터 좀 제대로 탔다.

도중에 그만둬야 할 정도의 낙차였나? 일행들과 좀 떨어져 달리고 있었다. 친구가 1km 정도 떨어져서 뒤에서 따라오고 있었는데, 내 기억을 기준으로 말하자면 밤에 오르막을 오르고 있었고 그 뒤로 정신을 차리고 보니 구급차에 실려가고 있었다. 오르막길 중간부터 내리막길, 그리고 사고 난 정황까지의 기억이 전혀 없다. 오르막길에서 잠깐 뒤를 돌아봤을 때는 저 멀리 빛이 보였고 친구가 따라오고 있었다. 나중에 친구한테 이야기를 들어보니, 오르막길 정상에서 같이 쉬고 내려갔다고 하더라. 기억이 삭제 되었다. ‹바이시클프린트› 2호에 실린 반이정 선생님의 인터뷰에 많이 공감했다. 반이정 선생님은 헬멧을 쓰지 않으셔서 머리를 다치셨지만 나는 다행히도 헬멧을 착용해서 다행히 머리는 다치지 않았고 얼굴, 턱, 이빨 부분을 다쳤다. 헬멧은 지금 집에 전시되어 있다.

병원비가 상당히 나왔을 것 같은데, 보험은 들었었나? 자전거 보험을 들지 않은 상태였다. 차와 부딪혔으면 상대방의 보험으로 처리되었을 텐데, 깜깜한 시골 길에서 혼자 넘어졌으니 보험 적용 대상은 아니다. 기억은 안 나지만 차와 부딪혔다면 자전거가 박살 났을 텐데 자전거는 멀쩡하다. 왜 그렇게 넘어졌는지 여전히 미스터리다. 다음 날 아침 친구들이 자전거를 수습하려고 그 길로 다시 돌아갔더니 전혀 험한 길이 아니었다고 한다. 소 잃고 외양간 고친 격이지만 나중에 보험을 들었다. 대물, 대인 모두 보험 처리가 되

브레베 300km 장거리 라이딩을 데이터화해서 보여주는 벨로뷰어 그래프.

는 자전거 보험이 있다. 실비보험도 들었다. 그런데 사람들이 보험을 들고 나면 사고가 안 난다고 하더라. (웃음) 5월에 사고가 났고 한 달 정도 입원해 있다가 5월 말에 다시 자전거를 탔다. 기억이 날아가서 좋은 점은 트라우마가 없다는 것이다. 뒤에서 수습해 준 친구가 오히려 힘들어 했다. 지금은 같이 잘 타고 있다.

가족이나 주변 사람들이 다시 자전거 타는 것을 반대하지는 않나? 당연히 반대한다. 부모님께서 너무 뭐라 하시니까 몰래 나가곤 했다. 지금은 어느 정도 괜찮아졌다. 주위 사람들이 다 미쳤다고 한다. 데이터상으로 봤을 때는 속도를 좀 줄이게 됐다. 특히 내리막길에서 의식적으로 속도를 많이 줄이는 것 같다.

키가 매우 큰 편이다. 자전거를 탈 때 더 불리하거나 유리한 부분이 있나? 내 신장에 맞는 자전거를 찾기 어렵다는게 가장 불리한 것 같다. 190cm가 넘다 보니 몸에 맞는 사이즈를 한국에서 구하기가 쉽지 않다. 지금 타는 자전거도 정말 힘들게 구했다. 자이언트라는 브랜드의 자전거인데 이름이 그래서 그런지 큰 사이즈가 많이 나온다. (웃음) 원래 브랜드를 따지는 편이 아니어서 그냥 국산 자전거 중 가장 많이들 타는 첼로를 사러 갔는데 유효 탑 튜브를 52cm 치수까지만 생산한다고 한다. 그 사이즈는 신장 180cm 미만의 사람들만 탈 수 있다. 나 같은 신장은 58cm 치수는 되야 한다. 오기가 생겨서 서울의 자전거숍을 죄다 뒤졌다. 돈도 모으고 준비가 되었는데 살 수가 없는 상황이어서, '사이즈만 된다면 아무거나 사겠습니다'라는 마음으로 지금의 자전거를 겨우 구했다. 프레임만 빼고 다 바꿨다. 구동계도 사고 휠도 바꾸고 결국 예산을 훨씬 넘겼다. 이런 일은 시간을 아낀다는 차원에서 얼른 끝내야 한다. 아니면 계속 인터넷을 헤매면서 물건을 뒤지고 있을 테니까. 사실 내 체형은 산을 오르기에 적합하지 않다. 클라이밍은 몸이 가벼우면 더 유리하다. 오르막을 잘 타고 싶어서 헬스를 하기도 했다. 난생 처음으로 운동을 즐기게 되었는데, 자전거를 탄 이후로 살이 15kg이나 빠졌다.

평소에 자주 가는 구간은 어디인가? 서울에서 적당히 힘들여 운동할 수 있고 오르막길이 있는 곳이 북악스카이웨이(북악)와 남산이다. 보통 두 산을 한 번씩 타고 돌면 3시간이 소요된다. 북악에 라이더들이 정말 많다. 팔각정 편의점 옆은 오르막길 라이더들이 거의 점령하고 있다. 만나면 아저씨들이 음료수를 사 준다. 주로 혼자 타는 편이다. 혼자 힘들게 끙끙대는데 옆에서 따라 붙으면 제쳐야 한다는 생각이 든다. 그렇게 둘 다 파이팅해서 긍정적인 신경전이 벌어지기도 한다. 도착하면 음료수를 같이 마신다. 일주일에 서너 번은 가는 것 같다. 얼마 전 라파라이징(Rapha Rising, 9일간 에베레스트 높이인 8천8백 미터를 오르는 미션)에도 도전했다.

평지도 아니고 오르막이다. 굉장히 힘들 것 같다. 북악을 예로 들자면 초소 삼거리라고 많은 사람이 오르막 라이딩을 시작하는 지점이 있다. 사실 거기까지 가기도 어렵다. 거기서 산을 올려다보면서 죽을 만큼의 고행이라는 걸 되뇌며 페달을 밟는다. 어느 정도로 힘이 드냐면, 숨을 격하게 쉬지 않으면 횡격막이 당겨서 갈비뼈가 나갈 수도 있다고 할 정도다. 그렇게라도 올라가기만 하면 기분이 최고다. 하루가 멀다 하고 서울의 산을 오르는 많은 사람이 있는데 이 사람들도 왜 이렇게 힘든 일을 하는지에 대해서 정확하게 설명하지 못한다. 산을 오를 때마다 너무 힘든 게 사실이다. 라파(Rapha, 자전거 용품 브랜드) 옷의 태그에는 '고통을 통해 얻어지는 영광'(Glory Through Suffering)이라는 글귀가 있다. 이들은 이 설명하기 어려운 도전을 섬세한 어휘를 동원해 묘사한다. 이를테면 신체와의 싸움에 더해지는 심리적인 싸움, 포기하라고 하는 악마의 속삭임, 그것을 지구력으로 이겨냈을 때 느낄 수 있는 새로운 심리적 영역 같은 것이다. 자전거 탈 때 동기 부여가 많이 된다.

당신은 자전거 주행 내용을 일상적으로 데이터화한다. 로드 사이클은 이미 데이터 기반 운동이 된지라, 1분에 얼마만큼의 케이던스(페달 회전속도)를 밟고 심박수는 어느 정도이며, 어느 정도 경사도의 산을 얼마의 시간에 주파하는지에 대한 정보를 축적하는 게 가능하다. 나의 관심사가 데이터를 다루고 보여주는 것이고, 그중에서도 지리적 정보에 관심이 많다 보니 이러한 사이클 데이터를 효과적이면서도 아름답게 시각화하여 자전거 라이더에게 유용한 정보를 제공하는 것에 관심이 많다.

사이클과 관련된 매핑이나 데이터 시각화 프로그램들을 소개해 달라. 스트라바(Strava, 사이클링 및 러닝 기록을 기록하고 공유하는 웹 서비스, www.strava.com)가 월등하게 잘하는 것 같다. 글로벌 히트맵에서는 전 세계에서 스트라바를 이용해 주행한 사람들을 보여준다. 서울 쪽에서는 북악, 남산, 한강이 압도적으로 밝은 것을 볼 수 있다. 또 지리 정보 매핑 분야에서는 오픈 소스 분야에서 매우 많은 사람이 컨트리뷰션하는 오픈 스트리트맵이라는 서비스(open streetmap.org)가 있는데, 이 서비스의 사이드 프로젝트가 바로 오픈 사이클맵이라는 프로젝트다. 사이클에 특화된 또 다른 매핑 프로그램으로는 오픈 사이클 맵(www.opencycle map.org)을 먼저 언급해야 할 것 같다. 전 세계 자전거 지도를 매핑하는 서비스다. 이런 오픈 데이터 프로젝트가 중요한 이유는 지리 정보를 누구나 쉽게 접근해서 자신의 방식대로 적용해 볼 수 있기 때문이다. 내가 달린 북악 구간의 스트라바 기록을 보면, 나의 최고 기록은 북악 984등이다. 한국에 정말 잘 타는 사람이 많고, 그들이 북악 스카이웨이 구간으로 많이 모인다는 뜻이다. 가민(Garmin: 장착형 GPS 기기)을 켜놓고 달리면 평속, 케이던스, 심박수 등이 기록된다. 여기에 키와 체중을 입력하면 대략의 파워와 칼로리도 계산해 준다. 북악 코스는 이 기록을 경신하는 맛이 있다.

왜 사이클에서 데이터 시각화 시스템이 다른 분야보

가장 대중적인 라이딩 코스는 남산을 돌고 난 후 이동해 북악을 도는 코스다. 3시간 정도 돌고 나면 적당히 운동한 기분이 든다. 특히 북악코스 중간중간에는 군인들이 경비를 서서 사고가 나도 걱정이 덜하다.

소원영

SO WONYOUNG

다 훨씬 잘 구축되었다고 생각하나? 사이클은 이미 데이터의 운동이 되었기 때문이다. 세세한 부분을 숫자로 나타낼 수 있다. 평균 속도, 달린 거리, 심박수, 케이던스, 파워미터를 토대로 현재 허벅지에서 어느 정도의 파워가 나오는지도 기록할 수 있다. 구동계가 전자식으로 바뀌면서 기어비를 라이딩 도중 기록하는 경우도 있다. 또 하나는 개인 수준에서 이러한 데이터들을 용이하게 기록할 수 있는 도구들이 등장했다는 점도 중요하다. 가민과 같은 사이클 컴퓨터나 스마트폰만 있어도 이게 가능하다. 사이클을 타는 사람들은 이런 기록의 재미에 빠지게 된다. 결과적으로 전 세계에서 무지막지한 데이터가 쌓여가고 있으니 이것들을 분석하고 보여주는 일 또한 활성화되는 추세다.

가민에 저장된 당신의 거리는? 3000km 정도다.

가민이라는 물건이 굉장히 훈장님 같다. 심박수가 많이 올라가서 최대 심박 제한치에 도달하면 페이스를 조절하라고 경고음이 울린다.

당신은 데이터 시각화 또는 웹을 기반으로 한 지도 디자인 그리고 웹 개발 일을 하고 있다. 자전거와 관련된 데이터 시각화 작업을 할 계획은 있나? 스트라바에서 얼마 전에 각국 도로교통부 등을 대상으로 한 메트로 프로젝트(metro.strava.com) 를 론칭했다. 보행자나 라이더에게 좋은 환경을 만드는 데에 있어 합당한 의사결정을 돕는 데이터를 제공하는 것이 목적이라고 한다. 실제로 스트라바에는 신뢰할 수 있는 수준의 데이터가 쌓여 있으니 데이터 기반의 의사결정이 가능할 것이다. 앞으로 자전거를 타는 사람이 실제로 이용하는 도로와 서울시의 도로 상황을 같이 보여주면서 사람들이 자전거를 타기에 적합한 도로를 위한 환경 개선 제안 작업을 하려고 한다. 가장 안전한 도로를 안내하는 서비스도 같이 만들어 갈 수 있을 것 같다.

1. 랜도너스(Randonneurs) 초장거리 레이스. 비경쟁대회로 순위를 매기지 않고 정해진 시간 안에 정해진 거리를 타고 들어온다. 200km (13시간 30분 컷 오프), 300km (20시간), 400km (27시간), 600km (40시간),1000km (75시간)가 있다.

BP3

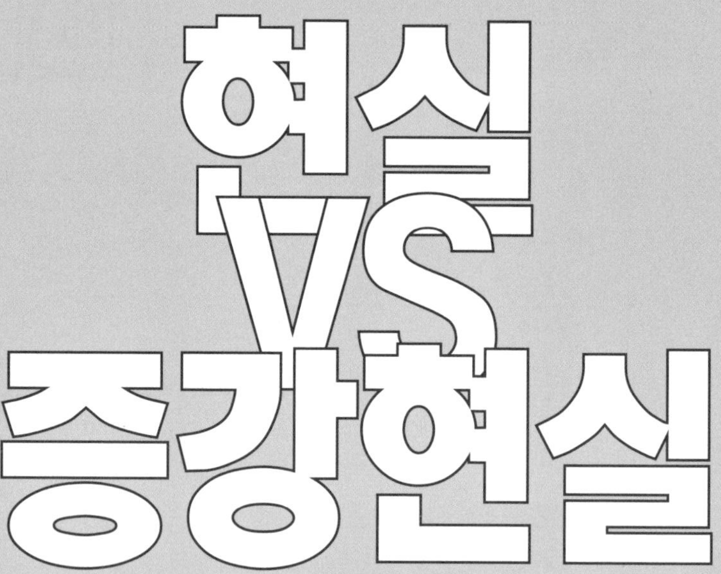

중국의 배달 자전거에 매혹된 두 명의 서구인이 그것을 각자의 방식으로 표현하는 작업을 한다. 하나는 있는 그대로 보여주는 방식, 하나는 현실을 과장하는 방식이다.

중국의 삼륜자전거:

앞바퀴가 하나이며 뒷바퀴가 두 개인 형태 뒷부분의 차륜 사이에 장바구니를 설치할 수 있었다.

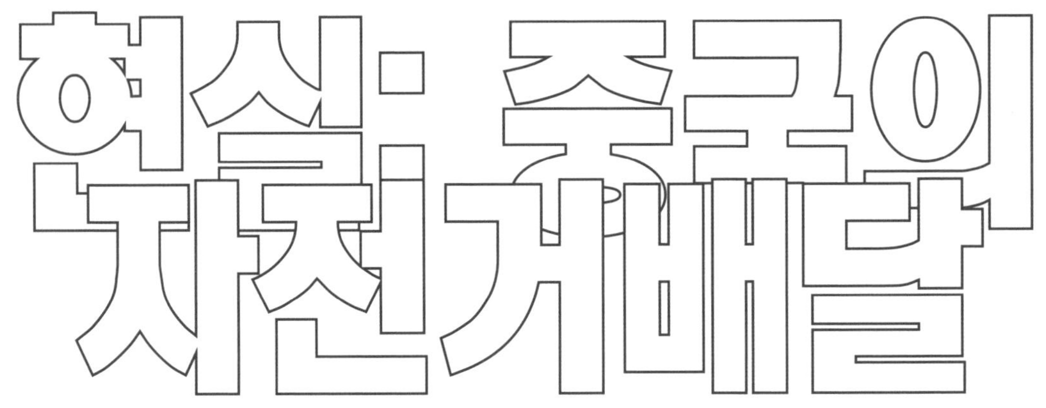

로빈 처브(Robin Chubb)
어번 디자이너. 토론토 대학에서 조경술과 도시 설계를 배웠다. 상하이와 런던에서 머물다가 현재는 토론토에서 도시 설계자로 일하고 있다. 그는 도시, 조경, 그리고 이 둘에 영향을 주는 다른 분야에 대해 다루는 웹사이트(Bricoleurbanism)를 운영하고 있다. 특히 자전거와 자전거 문화에 관심이 많다. www.bricoleurbanism.org

나는 자전거를 타는 어번 디자이너다. 자전거 교통과 문화, 그리고 이것이 도시 형태와 어떤 관계를 맺는지에 지대한 관심이 있다. 중국에서 삼륜 자전거에 엄청난 양의 짐을 싣고 다니는 모습을 보고 매우 강한 인상을 받았다. 이곳 상하이에서 나는 기발하게 개조한 자전거를 자주 보았다. 가압수형 거리 청소기, 짐을 쏟아버릴 수 있게 만든 삼륜 자전거, 판매용 농작물과 제품을 올릴 트레일러, 배달 및 수거용 물병을 담는 수납 칸, 승객용 뒷좌석, 이동용 자전거 수리소로 쓰기 위해 특별히 개조한 부분, 우유를 담을 수 있는 전용 절연 칸, 판매 음식 진열용 유리 칸까지 갖가지 형태를 접했다. 기본 삼륜 자전거의 본체가 워낙 강하고 튼튼하다 보니 이렇게 개조하거나 엄청나게 무거운 짐을 싣더라도 문제가 없다. 많은 이들이 먼 거리를 가거나 무거운 짐을 싣는 용도로 사용하기 위해 원시적인 수준의 전동기와 건전지로 삼륜 자전거를 개조해서 사용한다.

중국은 유서 깊은 자전거 문화로 명성이 자자했던 국가다. 하지만 근대화와 더불어 거의 모든 대도시에서 자전거의 사용이 급격히 줄어들었다. 생활 수준 향상과 함께 자동차를 구입할 수 있는 인구가 증가하고 더 좋은 교통수단이 만들어졌기 때문이다. 하지만 자전거를 이토록 다양한 용도로 꾸준히 사용하고 있다는 사실은 많은 사람이 여전히 최대한 낮은 비용으로 일하길 원한다는, 어쩌면 그렇게 해야만 하는 상황에 처해 있다는 사실을 방증한다. 거리를 활보하는 자전거의 짐칸에 현대 중국의 모순과 고민이 한데 실려 있다고 나는 생각한다.

1089

湖南社
党员服务

alldays

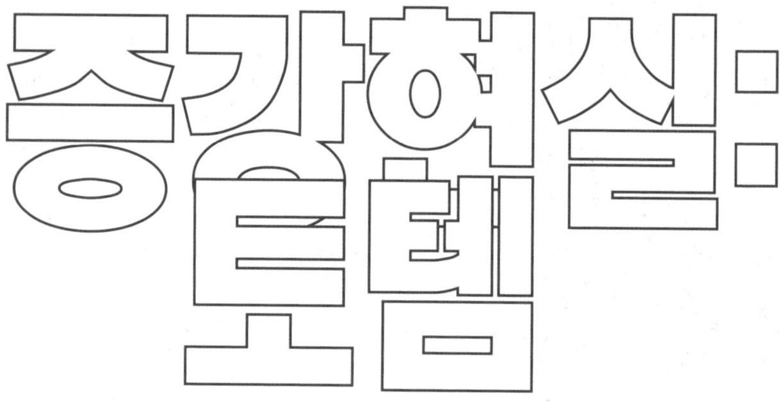

알랭 들로름(Alain Delorme)

1979년 파리 출생. 파리에서 생활하며 작품 활동 중. 에꼴 데 고블렝(École des Gobelins) 졸업 후 파리 8대학(Université de Paris VIII)에서 사진학 석사 과정을 밟고 있다. 세계화, 소비지상주의의 영향을 개인 차원에서 탐색하는 작품 활동을 펼치고 있으며 특히 표준화, 규격화의 영향을 강조하는 작품이 많다. 그는 우리로 하여금 현실에서 출발해서 사실과 허구 사이를 끊임없이 오가며 무엇이 진짜 '사실'인지 관찰하고 현대 사회의 표준에 의문을 던지게 한다. 그의 작품은 프랑스를 비롯해 전 세계 여러 갤러리와 페스티벌에서 여러 차례 전시되었다. www.alaindelorme.com

토템(Totems) 시리즈는 비현실적으로 엄청나게 많은 물건을 실어 나르는 삼륜 자전거들을 보여준다. 이 편집된 사진들은 그림인 동시에 매우 사실적인 다큐멘터리로 보인다. 나는 내 작품이 현실을 새로운 관점에서 보게 해준다고 말하고 싶다. 사람들이 내 작품을 통해 현실에 질문을 제기할 수 있게 되길 바란다. 그런 면에서 내 작업은 다큐멘터리와 디지털 작품 중간에 있다고 볼 수 있다. 다큐멘터리 장르의 코드도 사용하고 대중적인 이미지와도 비슷하게 만들어서 언뜻 보기에는 '실제'처럼 보인다.

물론 이 작업은 합성 사진 작품이다. 2010년 상하이 엑스포 직전에, 두 군데의 창작 스튜디오에 있는 동안 찍었던 6천 장의 사진을 합성해서 완성한 것이다. 막대한 수준의 리터칭 작업을 해야 했다. 사람들의 주의를 끌고 의문을 자아내도록 전면에는 집채만 한 짐을 싣고 가는 사람을 넣고, 배경에 깔끔하고 부드러운 스타일에 밝은 색상을 적용한 현대적인 건물을 배치하는 방식으로 모든 이미지에 똑같은 프로토콜을 적용했다. 디지털 그림 작품에 가까운 동시에 독창적인 작품이 되길 바랐다.

이미지 속 짐꾼들의 짐을 평균적으로 3분의 2도씩 과장했다. 짐의 높이와 수직성이 배경에 있는 마천루의 아찔한 높이와 공명하게 하고 싶었기 때문이다. 그 결과, 부유하고 현대적인 중국과 여전히 자질구레한 일로 생계를 이어가야 하는 극빈층의 인습적인 삶이 이루는 대비가 극적으로 강조된다. 중국에서 가장 역동적인 도시의 패러독스를 조명하는 '증강 현실'인 셈이다.

가장 인상적인 삼륜 자전거는 어항을 나르는 자전거였다.
살아 있는 물고기를 판매하는 사람이었는데 여태까지
본 것 중 가장 무거운 짐이었을 것이다. 아직 토템 시리즈로
만들지는 못했지만 증거 사진은 간직하고 있다.

내 자화상을 토템 시리즈로 만들어 봤다.

토템 시리즈, 토템 #6

XIUXIAN
SHOES

토템 시리즈, 토템 #9

토템 시리즈, 토템 #16

토템 시리즈, 토템 #18

토템 시리즈, 토템 #13

토템 시리즈, 토템 #15

토템 시리즈, 토템 # 5

토템 시리즈, 토템 # 8

도심 구석에 조그맣게 자리한 자전거포 두 곳을 방문했다.

만성

자전거

수리전문

이제 거의 다 사라진 과거의 자전거 문화를 흔적처럼 간직한 곳이다.

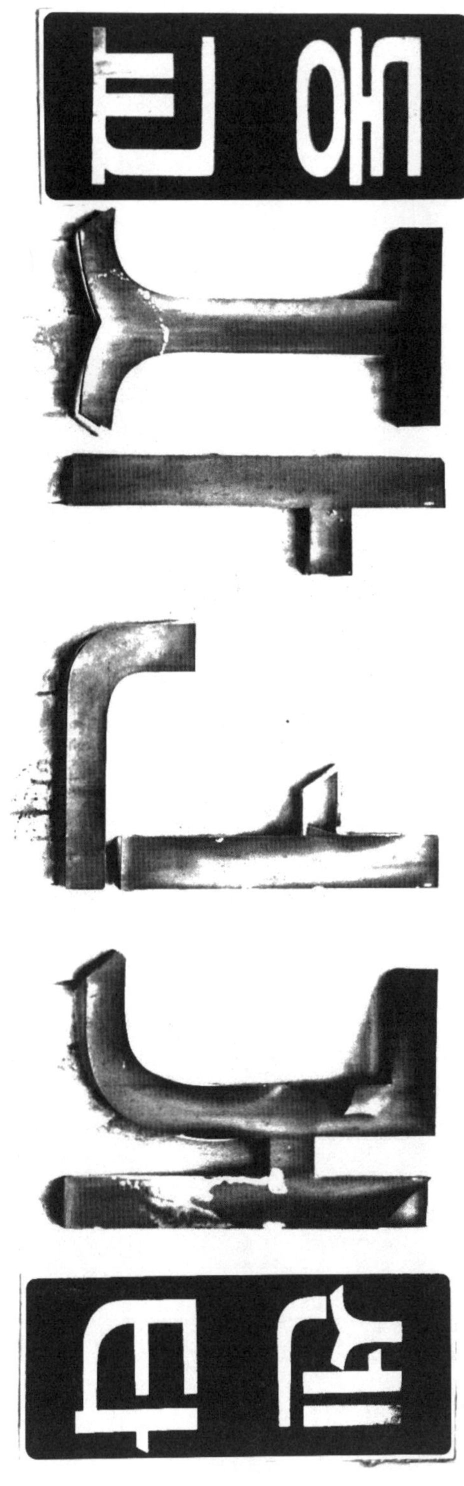

만성자전거 종로구 낙원동, 79년 동안 영업, 0.4평

동교자전거 마포구 동교동, 47년 동안 영업, 1.4평

천경일, 72세

김락현, 84세

이게 무려 3대째 이어온 가게다. 한 80년은 되었을 거다. 아버지가 당신의 삼촌이 경영하던 자전거 수선소를 드나 들다가 20세도 안 되는 나이에 그 가게를 인수해서 만성자전거라는 가게를 직접 내셨다. 그때가 일정시대였는데 당신 나이 80세까지 가게를 하셨다. 나도 어렸을 때부터 어깨 너머로 보고 배우고 같이 일했다. 아버지와 함께 일한 것만 해도 몇십 년이고, 어느덧 60년이 넘었다.

옛날에야 건물의 한 층을 다 썼지만, 지금은 1평이나 되려나 싶다. 아버지가 살아계신 97년까지 삼천리 레스포 자전거 대리점도 했다. 아버지께서 돌아가시고 나서는 그만두려고 가게를 정리하고 두 달 쉬고 있었는데 동네 사람들이 자전거포가 없으면 자전거는 어디서 고치느냐며 아우성들이어서 이렇게 작게나마 다시 열게 되었다. 연장도 다 버렸었는데 다시 몇 개를 사서 몇 명씩 아는 사람이 찾아오면 만져주게 됐다. 그렇게 쉬엄쉬엄하자 했는데 지금까지 이렇게 이어 오고 있다. 나는 이것저것 다 만지는 사람이니까 뭔가 고장이 났다 하면 응급처치 정도로 고쳐주는 거지, 특별한 걸 하는 게 아니다.

옛날에는 공장에서 새 자전거를 들여오면, 가게에서 하나하나 다 조립해야 했다. 자전거 바퀴살, 포크, 구동계가 다 따로따로 포장돼서 오면 우리네는 공장에서 조립하듯이 휠에다 살 하나하나를 다 조립해서 바퀴를 맞췄다. 요즘은 바퀴랑 몸체가 어느 정도 완성되어 나와서 간단히 조립만 하면 되지만 옛날에는 부품 하나하나 맞춰가면서 한 대를 만들었다. 그래서 자전거 한 대 만드는 데에도 네 시간은 걸렸고, 온종일 해도 서너 대밖에 못 꾸몄다.

옛날같이 하나부터 열까지 기계를 다 알고 만지는 마스터를 요즘 젊은 사람들 중에서는 찾기 힘들다. 옛날만큼 차 하나를 완벽하게 아는 사람이 없는 거다. 핵심 분야의 얼개를 다 알고 넘어온 사람이 없다.

나는 자전거 수리 말고도 바퀴로 가는 거는 다 수리한다. 자전거, 손수레, 휠체어를 주로 만진다. 타이어에 펑크가 나거나 휠이 망

14평이 아니라 1평 4홉이다. (웃음) 3평 이상이면 세금이 나오는데 우리는 세금이 안 나온다. 그래도 자전거가 열다섯 대까지 들어간다. 바로 옆 골목에 있는 한방병원을 짓기 전, 그 자리에서 24년 했고 지금 이 자리에서는 23년째 하고 있다. 동교동에서만 47년이다. 한방병원 건물이 예전에는 단층 건물 하나만 있었다. 그때는 한 층을 다 사용해서 지금보다 훨씬 크게 가게를 했다. 중간대리점으로 자전거도 팔고 수리도 했다. 세월이 흘러 그 자리에 큰 건물을 짓는다고 해서 우리는 나와서 여기 이렇게 조그맣게 차렸다.

원래 나는 이북 출신이다. 전쟁 때 피난 와서 처음에는 거제도에 정착했다. 거기서 용접을 배웠다. 자동차서비스공장에서 일하면서 산소용접이든, 전기용접이든 닥치는 대로 배우다가 3년 뒤에 서울로 올라왔다. 형이 마포에서 자전거 가게를 했는데 거기서 일도 하고 자전거를 배우다 여기에 내 가게를 차리게 되었다. 예나 지금이나 '동교자전거'라는 이름의 간판을 걸고 하고 있다. 예전에는 자전거 가게가 아주 많았고 거의 다 수리점이었다. 사람들이 자전거를 워낙 많이 탔었으니 수리점이 필요했다. 마포구에서 자전거를 파는 곳은 여기랑 다른 데 두 집 밖에 없었다. 자전거 붐이 일어난 그 시절에야 재미를 많이 봤지, 그 후에는 재미 없었다.

나는 이곳 터줏대감이라 이 동네 사람들이 무슨 자전거를 타고 다니는지 다 안다. 아무래도 이 터에서 오래 하다 보니까 단골들이 많다. 젊은 애들이 하는 식으로 손님이 오면 대충해서 그냥 보내는 게 아니라 여기저기 다른데 고장 난 데가 없나 봐주니까 손님들이 계속 찾아온다. 수리는 펑크를 때우는 게 가장 많다. 대야에다가 물을 떠놓고 타이어 바람집을 담가서 돌려봐야 어디서 공기가 새는지를 찾을 수 있다. 지금도 조금씩 자전거를 사고 판다. 자기가 타던 자전거를 가져오면 얼마 더 보태서 여기 걸어둔 새 자전거를 사가고, 또 누가 싼 자전거가 필요하다 하면 헌 자전거를 사가는 식이다.

가지거나 베어링, 심보(회전축) 같은 것이 고장 나면 다 교체해준다. 손수레는 폐지 줍는 사람, 청계천에서 용달하는 사람들이 많이 가져온다. 또 주변 호텔에서 손님들이 쓰는 휠체어도 자주 가져온다. 외국사람들도 여행 왔다가 뭔가 고장 나면 고칠 데가 없으니 우리 가게로 가져온다. 단골들이 워낙 많다. 그 사람들 가지고 하는 거다. 우리가 워낙 오랜 세월 동안 장사를 해왔고 꼼꼼하게 봐주니까 남대문 시장, 동대문시장 사람들이 다 찾아온다. 여기 종로 한복판에도 이제 이렇게 정비해주는 가게도, 고장 난 물건 손봐주는 사람도 별로 없으니까.

가게에 아무도 없을 땐 초인종을 누르면 내가 내려 간다. 아는 사람은 초인종을 누르고 모르는 사람은 휴대폰 번호로 전화하고. 옆에 포장마차나 다른 가게에서 술 한잔 하고 있을 때 누가 가게에 오면 길에서 장사하는 사람들이 나를 부른다. 여기 내 집이 있기 때문에 몸이 온전할 때까진 이 일을 할거다. 내 한계까지만. 그런데 이제 몸이 말을 안 들어서 걱정이다. 돈을 번다기 보다는 서비스 차원으로 수리가 필요한 자전거를 만져주는 정도다. 이걸로 뭐 큰 돈 벌겠나. 용돈 조금 얻어 쓴다는 생각으로 하는 거지 다른 건 없다.

내 자전거는 차체는 미제, 바퀴는 독일제다. 20년 전에 1,500만 원 주고 산 거다. 차체는 F16 제트기를 만든 소재이니까, 차에 부딪혀도 구부러지지 않는다. 미국에서 각 나라의 도매상들 앞으로 몇 대씩 소량으로만 보내줬고 도매상들한테 먼저 주문하겠느냐 물어서 한 대 주문했다. 지금은 생산되지 않는다. 그러니까 더 귀하다. 다른 자전거야 페인트가 벗겨지지만 이건 색도 그대로고 긁어도 상처가 안 난다. 쇠 자체가 티타늄인데, 티타늄 중에서도 제일 비싼 것으로 만들었다.

오늘도 자전거를 탔다. 새벽 5시에 일어나 일산까지 다녀왔다. 내가 왕년에는 사이클 선수만치 자전거를 잘 탔다. 젊었을 적에는 우리 가게에 동네 별로 잘 타는 사람들이 어쩌다 모여서는 남한산성도 다녀오고 더 멀리도 같이 다녀왔다. 지금 나이가 84살 먹었어도 100리는 그냥 다녀온다.

힘이 닿는 데까지 해야지. 이 나이에 집에 있으면 뭐하나, 사람은 놀면 더 늙는다. 이 나이에 몇 푼 더 벌겠나. 집에 있으면 심심하기만 하고 여기 나와있으면 친구들도 놀러 오고 그러니 훨씬 낫다.

만성자전거에는 내부 공간이랄 게 없다. 가게 문짝은 자석으로 되어있어서 온갖 부품이 다 달라붙어 있다.

동교자전거 가게 내부 공간은 만성자전거보다 넉넉하다.
자전거 열다섯 대까지 들어갈 수 있다.

1942년도 만성자전거점. 가운데 소년이 지금의 천경일 사장이고,
옆에 앉아있는 사람이 천경일 사장의 아버지다.

연희동에서 동교동으로 이어지는 길에 위치한 동교자전거.
김락현 사장은 이곳에서 "자전거를 고치고, 동네 사람과 수다 떨다 보면 하루가 금방 간다"고 말한다.

한 건물에서 수십 년간 이어오면서 가게는 이름도, 간판도, 크기도 바뀌었지만, 주인은 이 터를 떠나지 않고 자전거를 만진다.

동교자전거의 연장은 오랜 세월이 흘렀음에도 처음 것 그대로다.

천경일 사장은 10년 넘게 새마을 자원봉사로 가끔 자전거에 소독약을 싣고 낙원동 일대에 연막을 친다.

김락현 사장이 네 발 자전거를 끌고 온 형제의 자전거를 손보고 있다.
주말에는 유독 바쁘고 손님이 끊이지 않는다.

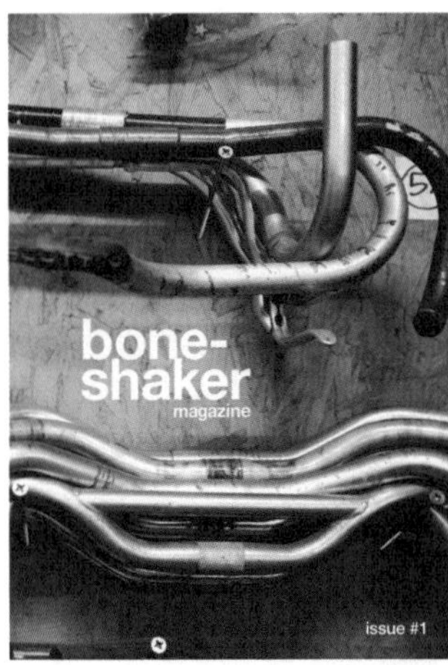
bone-
shaker
magazine
issue #1

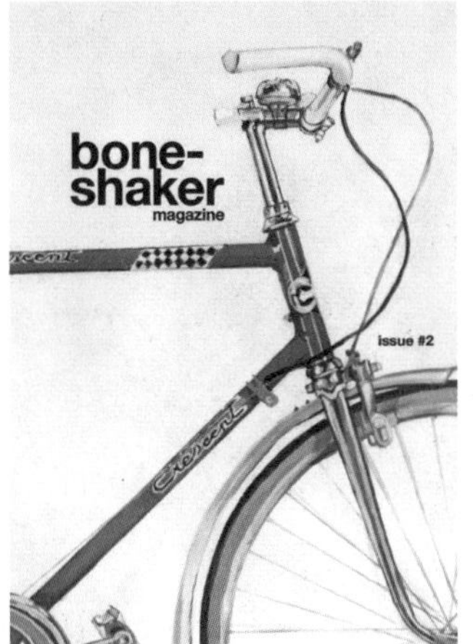
bone-
shaker
magazine
issue #2

bone-
shaker
magazine
issue #4

bone-
shaker
magazine
issue #5

bone-
shaker
magazine
issue #7

bone-
shaker
magazine
issue #8

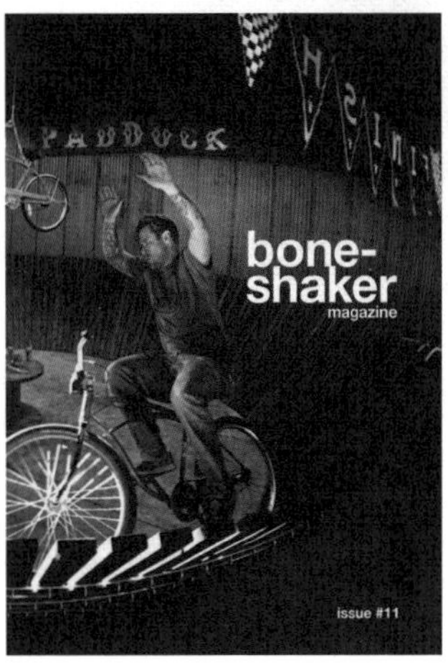
PADDOCK
bone-
shaker
magazine
issue #11

bone-
shaker
magazine
issue #14

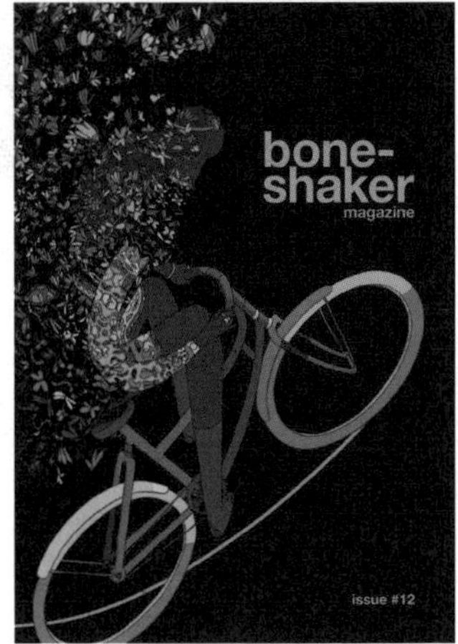
bone-
shaker
magazine
issue #12

자전거와 삶이 겹치는 방식

왼쪽부터 설립 멤버이자 에디터인 마이크 화이트(Mike White), 존 코이(John Coe), 제임스 루카스(James Lucas)

‹본셰이커›(Boneshaker)는 광고 없는 비영리 일러스트 계간지로서 동시대 세계의 자전거 문화를 다룬다. 2009년에 창간된 ‹본셰이커›는 레트로 모던 스타일의 외관, 세련된 그래픽, 세계 각지의 자전거 문화를 보여주는 실속 있는 내용으로 수많은 자전거 잡지 가운데서 단연 돋보인다. 이들이 선별하는 기사들은 자전거와 삶이 겹치는 방식을 심도 있게 다루며, 공공 정책과 도시계획부터 예술과 철학에 이르기까지 다양한 분야를 아우른다. 편집자 마이크 화이트에게 ‹본셰이커›에 대해 궁금한 점 몇 가지를 물었다.

'본셰이커'라는 제호가 특별하다. 자전거의 역사와 관련된 용어에서 따온 건 알지만 뭔가 숨은 뜻이 더 있을 거 같다.

'본셰이커'는 이륜차의 역사에 한 획을 그은 발명품의 이름이다. 1860년대에 등장한 현대 자전거의 전신은 '빠른 발'이라는 뜻의 벨로시페드로 불렸는데, 영국과 미국에서는 '본셰이커'란 별명으로 통했다. 딱딱한 프레임과 철제 바퀴로 된 그 자전거를 타면 뼈가 다 덜덜거렸기 때문이다. 이런 문제는 후에 볼베어링과 튼튼한 고무 타이어를 장착하면서 많이 해소됐다. 우리가 이 역사적 용어를 제호로 채택한 데는 지난 100여 년간 자전거가 얼마나 변한 게 없는지를 시사하려는 의도가 담겨 있다. 자전거는 그 형태와 기능의 적절한 조화로 인해 처음부터 완벽에 가까운 사물이었다. 그리고 단어의 느낌이 어떤 작은 흔들림을 일으키고 싶은 우리의 바람과도 통하는 거 같아서 마음에 들었다. 다시 말해 우리는 현 상태에 우리 나름의 방식으로 작게나마 도전을 제기하고, 주류 자전거 잡지와는 다른 무언가를 제공하고자 한다. 또한 열정적으로 춤을 추라는 뜻의 'shake your bones'라는 표현을 연상시키는 부분도 좋다고 생각했다.

‹본셰이커›의 탄생 과정이 궁금하다.

‹본셰이커›는 창간 편집자 제임스 루커스가 그 전에 먼저 시작한 ‘브리스틀 바이크 프로젝트’에서 나왔다. 헌 자전거를 기부 받아 수리해서 새 주인을 찾아주는 프로젝트인데, 운영 과정에서 수많은 훈훈한 일화들이 생겨났고 제임스는 그것을 더 널리 공유하고 싶었다. 아울러 그는 자전거와 관련한 세계 각지의 다른 프로젝트와 사람들, 그리고 그들의 노력이 빚어낸 흥미로운 결과들에 대해서도 듣게 되면서 그런 이야기를 더 많은 이들에게 소개해 영감을 주고 미소를 짓게 만들면 좋겠다고 생각했다. 그래서 친구 존 코(John Coe)와 의기투합해 ‹본셰이커› 창간호를 만들었다. 존은 그때부터 최근까지 크리에이티브 디렉터를 맡다가 다른 일이 많아져서 그만두게 됐다(현재 그는 디자인 스튜디오 코크리에이티브를 운영하고 있다). 그의 후임으로 지금은 루크 프랜시스와 크리스 우드워드, 두 명이 디자인을 담당한다. 사무실은 본부 비슷한 게 있긴 한데 주로 온라인 판매용 재고를 보관하는 데 쓰고, 실제 잡지를 만드는 작업은 대부분 술집이나 카페에서 한다. 브리스틀의 자전거 카페 롤 포 더 솔(Roll for the Soul)이 우리의 단골 가게다.

브리스틀 바이크 프로젝트에 대해 더 듣고 싶다.

제임스 루커스는 브리스틀 내 난민과 망명 신청자를 돕는 자선단체에서 자원봉사를 했었다. 그러면서 그들이 이 도시에 와서 맞닥뜨리는 큰 난관 중 하나가 이동 문제임을 알게 됐다. 수용소는 대개 시내에서 멀리 떨어진 곳에 있고 그들은 대중교통 카드를 이용할 수 없는 처지에 있었다. 따라서 굉장히 고립된 생활을 하거나, 아니면 매일 몇 시간씩 걸어서 볼일을 보고 친구를 만나러 다녔다. 제임스는 친구 콜린 팬(Colin Fan)과 함께 안 쓰는 자전거를 모아서 수리하고 필요한 사람에게 나누어 주기 시작했다. 시간이 흐르면서 둘은 이 프로젝트를 통해 자전거를 받는 사람들이 자전거 복원에 직접 참여하도록 도와준다면 훨씬 더 값진 선물이 될 수 있으리라는 판단을 내렸다. 그리하여 조그만 작업장을 얻었고, 얼마 후에는 다양한 배경의 사람들이 찾아와 자전거를 고치고 받아 갈 수 있는 활기차고 따뜻한 공간을 열었다. 이후 그곳에서 많은 이들이 자신감을 얻고, 언어를 배우고, 친구를 사귀고, 유용한 정비 지식을 습득했다. 또한 자전거가 생김으로써 자립과 자유를 누릴 수 있게 되었을 뿐만 아니라 자전거를 계속 탈 수 있도록 잘 관리하는 요령도 전수받았다. 현재 브리스틀 바이크 프로젝트는 여러 단체 및 자선 기관과 협력을 맺고 있으며, 누구나 참여할 수 있는 자전거 정비 워크숍도 개최한다. 시민의 삶을 윤택하게 하는 멋진 프로젝트다.

‹본셰이커›는 광고 없이 운영되는 비영리 잡지다. 창간호는 자전거에 싣고 다니면서 직접 배본한 걸로 아는데, 다음 이슈의 발간 비용은 어떻게 마련하는가?
사실이다. 초창기엔 수레 달린 자전거에 잡지를 싣고 달리다가 자전거 숍, 서점, 갤러리 같은 게 보이면 들어가 내밀었다. 그렇게 책을 팔아서 얻은 수익은 2호를 만드는 데 드는 비용과 얼추 맞아떨어졌다. 이후부터는 온라인 숍을 열어 잡지와 함께 자전거 관련 아트워크, 티셔츠, 모자 따위를 판매하고 있는데, 자금 흐름에 보탬이 된다. 우리가 좋아하는 자전거 브랜드와 제휴를 맺어 제작비 충당에 도움을 얻는 방안도 계획 중이다.

각 이슈의 기획과 편집은 어떻게 이루어지나?
우린 참 운이 좋은 게, 멋진 기고가 많이 들어온다. 글, 사진, 그림, 시 등 기고 받은 모든 것을 온라인 업무 관리 도구 트렐로(Trello)에 쫙 펼쳐 놓고 일관성 있는 이슈가 나올 수 있도록 이리저리 조합해 본다. 그리고 매 이슈마다 다르게 만들려고 항상 노력하며, 다른 데선 찾아보기 힘든 기사를 싣는 데 주안점을 둔다. 가령 수단의 커스텀 자전거 문화에 대한 보고서, 화물자전거 디자인을 위한 공개 소스, 자전거에 관한 연극, 빅토리아 시대 자전거 모임 스크랩북, 로스앤젤레스의 반란 자전거 갱단 취재 기사 등이 그러한 예다.

세계 각지에서 기고가 들어오는 듯하다. 그런 훌륭한 필자와 사진가, 활동가들을 다 어떻게 찾아냈나?
앞서 얘기했지만 우린 정말 운이 좋다. 여러 훌륭한 필자, 사진가, 자전거 활동가 등이 자신의 이야기를 기꺼이 공유해 주었으니까. 예를 들어 크리티컬 매스(Critical Mass, 시민운동의 성격을 갖는 자전거 타기 행사)의 주요 인물 크리스 칼슨(Chris Carlsson)에 관한 기사라든가, 산악자전거를 소재로 한 사이먼 아미티지(Simon Armitage, 영국 시인)의 시, 라디오헤드의 아트워크를 담당하는 스탠리 던우드(Stanley Donwood)가 그린 일러스트 같은 것들을 우리 잡지에 실을 수 있었던 건 큰 영광이었다.

Tommy Godwin's record-breaking 1939 ride is a feat of physical and mental endurance so momentous, so outrageous, that it's difficult to fully comprehend what the achievement actually represents.

Illustrations by Samuel James Hunt

TOMMY GODWIN

THE LONG DISTANCE LEGEND

Perhaps the greatest endurance feat of all time, and one of the least well-known and celebrated, Tommy Godwin's record-breaking 1939 ride is a feat of physical and mental endurance so momentous, so outrageous, that it's difficult to fully comprehend what the achievement actually represents.

If you are not a regular cyclist, but particularly if you are, consider this scenario: you wake before the dawn and drag yourself from your bed and out into the bleak morning of a Boxing Day in wartime England.

You eat little (if anything) for breakfast and ride purposefully through the inclement weather and along poorly maintained streets. Your bike is well-maintained, but is a heavy steel-framed machine with only four gears. You ride for some hours, and then you ride for many more – until you have completed a shattering 185 miles on the road.

The next day you ride 204 miles.

You don't think that this is particularly extraordinary; in fact it's actually a little below your daily average, and after all you have been doing this for over fifty-one weeks straight, with only one day off!

In four days' time you have good reason to cheer the arrival of the New Year – your name is Tommy Godwin – and you have just smashed the record for most miles cycled in a year.

In a modern age of millionaire golfers and petulant footballers, Tommy's achievement serves as a useful reminder of what true sporting prowess was, and can still be. Tommy was described by his family as the most unassuming, gentle man, but he quietly proved that he was as hard as iron physically.

Known to friends and family simply as 'Tommy', Thomas Edward Godwin was born in Fenton, Stoke-on-Trent on the 5th of June 1912. At the time children grew up quickly, were often raised in hardship and were expected to work from an early age. Tommy was no exception, and took a job as a delivery boy aged twelve, which helped him to pull his weight and share the burden of providing for a family of twelve.

A requisite (and most likely to young Tommy a perk) of the job, Tommy was equipped with a heavy bike with which to complete his daily deliveries on behalf of the owner of a general store, newsagents and butchers. Tommy enjoyed riding the bike as part of his rounds, and an interest in cycling sparked to life.

A few years later, the then fourteen-year-old Tommy would be inspired by an advert asking for participants in a local 25-mile time trial.

Legend has it that Tommy hacked off the heavy steel delivery basket from the front of his bike, and kitted out with both borrowed shoes and wheels proceeded to steam around the course in a winning time of one hour and five minutes.

Still at a tender age, the initial spark had already exploded into a full blown love affair with cycling.

5

BONESHAKER MAGAZINE

영국 출신의 전설적인 사이클리스트 토미 고드윈(Tommy Godwin)을 다룬 기사. 그는 1939년 일 년 동안에 120,805km를 자전거로 달린 기록을 가지고 있다.

스탠리 던우드(Stanley Donwood)의 일러스트.

지금까지 다룬 기사 가운데 가장 애착이 가는 건 무엇인가?

개인적으로는 초기에 다뤘던 돔 길(Dom Gill)이란 친구에 관한 기사가 아주 좋았다. 그는 혼자서 2인용 자전거를 끌고 미국 횡단에 나섰다. 도중에 만난 낯선 이가 뒷좌석에 타고 싶어 한다면 태워 준다는 규칙을 정했고, 절대 거절하지 않았다. 그렇게 해서 어떤 이는 몇 시간을, 어떤 이는 몇 주를 같이 달렸다. 이 여행이 만들어 낸 이야기는 인간 본성의 선함을 보여 주는 아름다운 증거였다. 또 좋아하는 건 닉 핸드(Nick Hand)가 쓴 연재 기사다. 닉은 자전거를 타고 영국 해안을 따라 느리게 여행하면서 지팡이 깎는 사람, 카누 만드는 사람 등 잘 알려져 있지 않거나 쇠퇴해 가는 분야의 장인들을 만났다. 그리고 그들의 사진을 찍고 목소리를 녹음해 온 것으로 슬라이드 영상을 제작했는데, ‹본셰이커›는 그 내용을 여러 이슈에 걸쳐 소개했다. 그 밖에 1박만 하는 '마이크로어드벤처'를 완벽하게 즐기는 법에 대해 앨러스테어 험프리(Alastair Humphrey, 영국 모험가이자 작가)의 철학을 들어 본 기사도 많은 독자의 공감을 불러일으켰다.

‹본셰이커›는 기사도 흥미롭지만 자전거와 모험에 관한 일러스트레이션이나 사진, 아트워크가 풍부하다. 특히 일러스트를 많이 사용하는데, 특별한 이유가 있나?

일러스트레이션은 ‹본셰이커›에서 언제나 특별한 위치를 차지해 왔다. 그림은 다양한 해석이 가능하기 때문이다. 즉, 사람마다 다르게 보고 이해할 수 있다. 또한 추상적일 수도 몽환적일 수도 있으며, 과장될 수도 섬세할 수도 있다. 우리는 물론 멋진 사진도 좋아하지만, 그림은 완전히 다른 차원의 갖가지 가능성을 독자에게 제시할 수 있다고 생각한다. 표지를 항상 일러스트로 꾸미는 건 아니다. 다만 일러스트가 들어간 디자인이 눈길을 확 사로잡는 데다가 해당 이슈의 정신을 잘 담아낸다고 판단되는 경우에는 그렇게 한다. 가장 최근에 나온 15호의 표지는 레이드71(Raid71)이란 이름으로도 활동하는 맨체스터 디자이너 크리스 손리(Chris Thornley)의 작품이다. BMX에 앉아 있는 여성의 모습에서 자신감이 한껏 묻어나 보이는 점이 무척 마음에 들었다. 배경과 인물의 크기를 뒤바꾸어 그처럼 자전거와 여성이 도시 위로 우뚝 솟아 있게 만든 것은, 자전거 이용자들이 도시를 지배할 수 있고 또 지배해야 한다는 생각과도 상통한다고 보았다.

크리스 손리(Chris Thornley)의 일러스트

잡지 소개를 보면 "중요한 건 목적지에 얼마나 빨리 가느냐가 아니라 가는 도중에 무엇을 보았느냐다" 라는 말이 적혀 있다. 다른 자전거 매체와 비교해 ‹본셰이커›가 어떤 차별점을 갖길 바라는가?
그 문장이 말하듯 서두르지 않음을 강조하는 것은 ‹본셰이커›의 성격을 잘 대변한다. 요즘의 자전거 관련 출판물은 대부분 스포츠, 속도, 극기 따위에 지나치게 치우쳐 있는 듯하다. 우리는 그런 게 전부가 아님을, 자전거를 탄다는 건 그보다 훨씬 많은 것을 의미함을 사람들에게 알려 주고 싶다. 내 경우 가장 기억에 남는 라이딩은 시간을 재거나 경쟁하듯 질주했던 때가 아니다. 머리를 숙이고 페달을 밟는 리듬에만 집중한다면, 1분에 몇 바퀴를 돌리고 얼마나 나아가는지에만 신경을 쏟는다면, 커졌다 작아졌다를 반복하는 길 옆 관목들의 아름다움과 향긋한 흙냄새를 놓치고 말 것이며 사방에 가득한 계절의 미묘한 움직임도 느끼지 못할 것이다. 자전거 타기는 자유, 우정, 모험, 교통수단, 사회정치적 변화, 기타 등등 수많은 것들과 관련돼 있다. 그리고 무엇보다 중요한 건 재미있다는 것이다. 많은 자전거 잡지가 그 사실을 망각한 것처럼 보인다.

‹본셰이커›는 행사도 많이 개최한다. 자전거, 예술, 문화와 관련한 다른 행사나 프로젝트에 참여하기도 하고. 인상 깊은 일화나 이야기가 있다면 들려 달라.
우리는 보름달이 뜬 날 밤에 자전거를 타고 얼음장 같은 폭포수 아래에 가서 춤을 췄다. 또, 브리스틀 자전거 축제와 런던의 빅토리아앨버트미술관 등지에서 강연 및 패널토론을 진행했다. 그리고 도시 계획 콘퍼런스, 창고에서 열린 자전거 파티 같은 행사에도 참석했다. 우린 자전거 이용을 장려하고 지지하는 일이라면 무엇이든 거들고 싶다. 가장 좋았던 건 아무래도 런던의 자전거 카페 룩 멈 노 핸즈!(Look Mum No Hands!)나, 그와 유사한 브리스틀의 카페 롤 포 더 솔에서 했던 각종 행사들이다. 그 밖에 우리가 참여한 행사 가운데 단연 최고는 2013년 브리스틀 자전거 축제 현장에 영국 유일의 자전거용 '죽음의 벽' 경주장인 봄 드롬(Bombedrome)을 설치했던 일이다. 정말 흥미진진했다.

라파(Rapha), 브룩스(Brooks), 트위드 런(Tweed Run), 브롬톤(Brompton) 등 영국의 자전거 문화나 브랜드는 한국에서도 그렇고 세계적으로 두터운 팬층을 확보하고 있다. 영국 자전거 문화에 대해 어떻게 설명할 수 있을까?
자전거가 하나의 라이프스타일로써 확산되고 있는 건 분명한 현상이다. 1890년대 이후 자전거를 타는 것이 지금처럼 '쿨한' 일이었던 적은 없다. 사람들은 자전거를 탄다는 사실을 자랑스럽게 여기고 과시하고 싶어 한다. 브룩스나 라파 같은 스타일리시한 브랜드나 트위드 런 같은 행사가 많은 호응을 얻는 것도 그러한 것과 관계가 있다. 즉, 그런 브랜드를 애용하거나 그런 행사에 참여하는 것은 자신도 그런 트렌드에 동참하고 있음을 증명하는 수단이 된다. 하지만 자전거를 타는 사람들이 각양각색이듯 자전거 문화 전체는 매우 다양하고 이질적인 요소들로 구성돼 있다. 그 안에는 수많은 하위문화가 공존하기 때문에 하나로 묶어서 설명하긴 힘들다. 동틀 무렵 도로를 질주하는 라이더, 서류 가방을 들고 브롬톤 자전거로 출근하는 비즈니스맨, 자전거를 타고 앞서거니 뒤서거니 아이를 등교시키는 엄마, 흙탕물을 튀기며 내리막길을 달리는 산악자전거 애호가, 안장 없는 자전거로 묘기를 부리는 재주꾼, 햇볕에 피부가 검게 그을린 여행자, 미니멀리즘을 추구하는 픽시족, 자전거 배달원, 자전거로 출퇴근하는 직장인 등. ‹본셰이커›에는 그러나 이들 모두를 위한 자리가 있기를 바라며, 그렇다고 생각하고 싶다.

자전거 잡지 편집자로서, 그리고 자전거 이용자로서 당신에게 이상적인 라이딩이란 무엇인가?

나는 여행을 사랑한다. 필요한 모든 것을 자전거 가방 한두 개에 챙겨 넣고, 지도를 펼쳐 목적지를 고른 후 그냥 떠나는 것이다. 그러다 지쳐 더 이상 페달을 밟을 힘이 없으면 별을 보며 잠이 든다. 또, 도시 속에서의 라이딩도 아주 좋아한다. 꽉 막힌 차들 사이를 헤치고 달리노라면 짜릿한 스릴과 함께 살아있다는 기분이 든다.

앞으로의 계획은?

다음 호를 준비 중인데 아직 초기 단계라 내용이 확정되진 않았지만, 지금까지 나온 것 중 아마 가장 두꺼운 이슈가 될 것 같다. 표지에도 색다른 실험을 할 예정이다. 레터프레스 컬렉티브에서 활판인쇄로 제작한 한정판 커버를 씌우는 걸 고려하고 있다. 레터프레스 컬렉티브 역시 제임스 루커스가 설립에 참여한 프로젝트로(제임스는 하는 일이 많다!), 인쇄물의 촉각적 아름다움을 알리는 동시에 잠자고 있는 인쇄기들에 다시 생명을 불어넣는 것을 목표로 한다. 공간은 자전거 카페 롤 포 더 솔에서 바로 모퉁이만 돌면 있는데, 굉장히 화기애애하고 멋진 곳이다. ‹본셰이커› 작업도 앞으로 거기서 많이 하게 되지 싶다. 커피와 맥주로 에너지를 보충하면서.

본셰이커 매거진의 새로운 프로젝트, 레터프레스 컬렉티브에 관한 기사.

PRESS ON

PHOTOGRAPHY AND ILLUSTRATION BY CHRIS SLEATH ✻ DYNAMOWORKS.CO.UK

One thing always leads to another. For Chris Sleath, it all begin with a dream to restore vintage bikes. He began working on classic racing machines from the 1950s and 60s, and needed a way to fund the habit.

Why not create bicycle-related prints, and sell them?, he thought. Although lacking any formal training, he'd always had an interest in design and illustration, so he did a short, self-initiated printmaking course, then began helping out at a printmaker's. Then, as these things do, the bicycle art began to take over from the bikes themselves. Soon, Chris found that he'd founded Dynamoworks, and was busy producing limited edition typographic screenprint and letterpress posters, all with a cycling theme.

Boneshaker first met Chris at the inaugural Bespoked Bristol Handmade Bicycle Show, back in 2011. We shared a stall, several beers and even more stories with him over that sun-bleached weekend. Talking to him brings the world of printmaking alive, and reveals parallels between it and the world of cycling. "There's an immediacy, a direct contact between me and the created thing," he says. He tries wherever possible to work without involving computers, so that "the process is not filtered through a screen, in the same way that travelling by bicycle puts you immediately in touch with the world around you, instead of filtering it through glass. It's about that heightened awareness, being in the environment, feeling, seeing, smelling, hearing – all those things that are going on when you're on a bike."

In a past life he'd worked as a scene painter and set carpenter, so the old wooden blocks of letterpress had an immediate appeal. "When you pick up a piece of type, it's a bit like being a kid again, they're like the old-fashioned wooden play blocks", he says. Chris rides in every day along the river to work as a technician at Edinburgh Printmakers, the oldest, biggest open-access print studio in the UK. "It's a wonderful place," he says, "a place where anyone can come in and have a go at lots of different kinds of printing." When he can, he heads

"THE PROCESS IS NOT FILTERED THROUGH A SCREEN, IN THE SAME WAY THAT TRAVELLING BY BICYCLE PUTS YOU IMMEDIATELY IN TOUCH WITH THE WORLD AROUND YOU"

out of the city, up the Tweed Valley to Robert Smail's Printworks, an atmospheric, National Trust-owned working museum in the Scottish Borders. "I'm very lucky to be able to use it, this amazing old place, full of history, with huge mountains just outside the window. The oldest continually inhabited house in Scotland is just around the corner. It's all very beautiful." The printworks was bequeathed to the Trust in the 1980s, but is still set up as it was in the 1940s, when every town used to have a small jobbing printworks, much as many towns used to have their own bike builder. Things changed dramatically in the 1960s, when cheaper,

FFWD
HATSUNE MIKU
C2C
HYDRO CARBON
FULL SPEED AHEAD

HELLAFLUSH
ALU CARBON

Blue bird.
With freedom
and solitud
KEBEL
KUOTA HIGH POWER TRANSFER
ROTOR
SHIMANO

KEBEL
KUOTA

cannondale
R3.0
ULTREMO

BEST OF LIVE
MADE BY EVERYONE!!
ラブライブ!
こいずみ 花陽
dreams alive!
SCHWALBE

CORIMA
AERO
CORIMA
AERO
CORIMA
AERO
CORIMA
AERO

Nishikino
SCARLET PRINCESS
CHANCE FOR ME !
CHANCE FOR YOU !
SSN TECHNOLOGY SIZE SPECIFIC NERVE

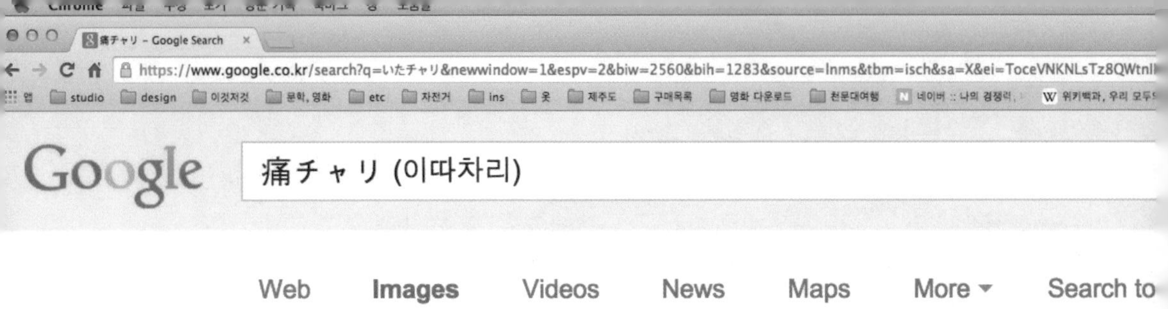
痛チャリ - Google Search
https://www.google.co.kr/search?q=いたチャリ&newwindow=1&espv=2&biw=2560&bih=1283&source=lnms&tbm=isch&sa=X&ei=ToceVNKNLsTz8QWtnl
studio
design
etc
ins
Google
痛チャリ (이따차리)
Web
Images
Videos
News
Maps
More
Search to

THE IDOLM@STER

Q#newwindow=1&tbm=isch&q=%E7%97%9B%E3%83%81%E3%83%A3%E3%83%AA&spell=1

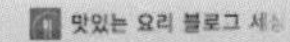

씨네큐브 한국시네마테크협의회 대림 - 로드윈125 맛있는 요리 블로그 List of book-burnin 모토리노(Motorino) 마른모들의 JOYRIDE 소설리스트 기타 북마크

일본에서만 볼 수 있는 독특한 자전거 커스텀 문화가 이따차리(痛チャリ)이다. 이따(痛)는 통증, 차리(チャリ)는 자전거를 일컫는다. 일본 오타쿠 문화를 반영하는 자전거 튜닝으로, 탐닉자들은 고가의 자전거를 좋아하는 만화 캐릭터로 장식하는 데 여념이 없다. 이따차리 커스텀의 묘미는 완벽에 가까운 튜닝 기술과 캐릭터에 걸맞은 기발한 자전거 액세서리다.

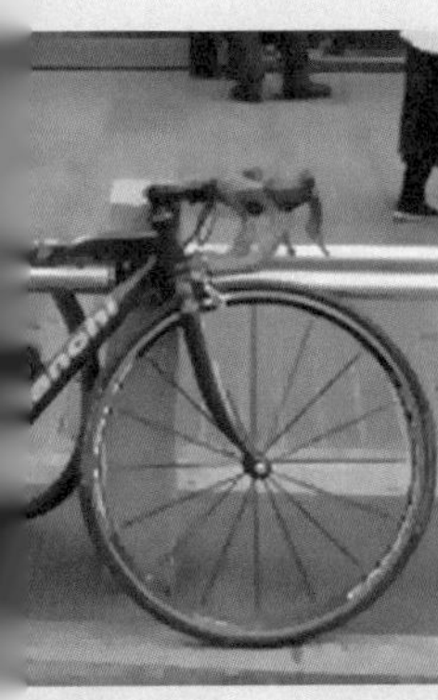

岐阜県
Gifu Pref
高山市

LIVESTRONG

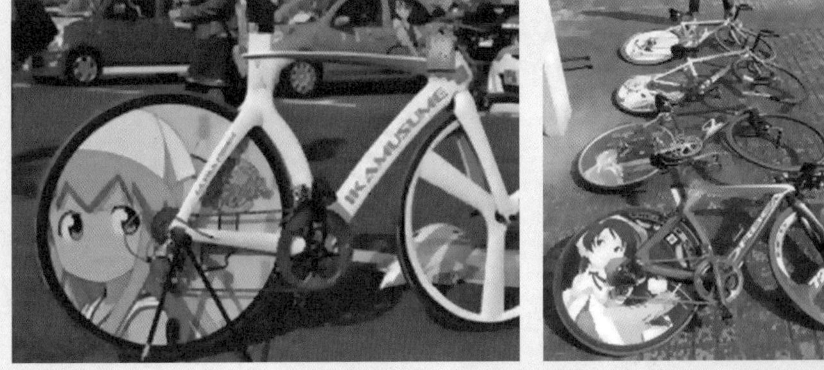

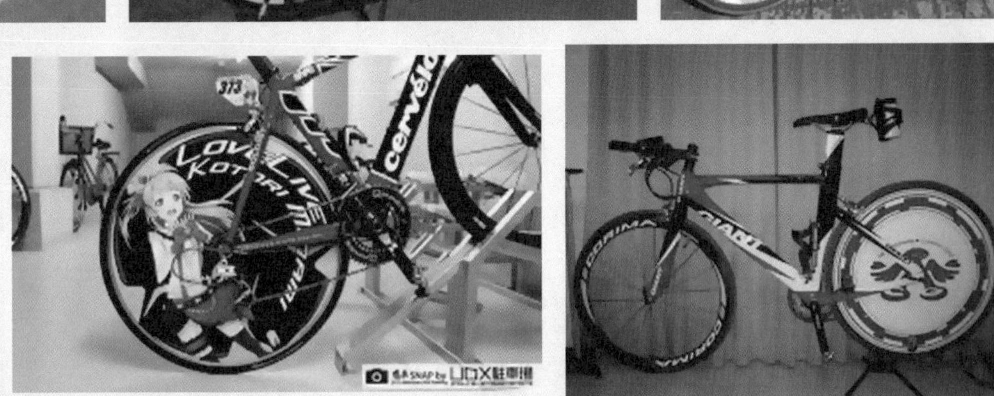

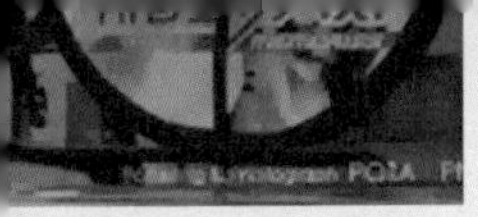
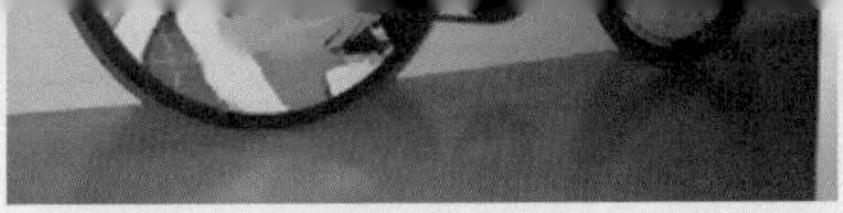
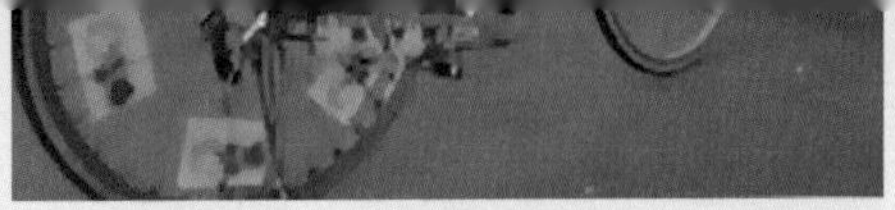
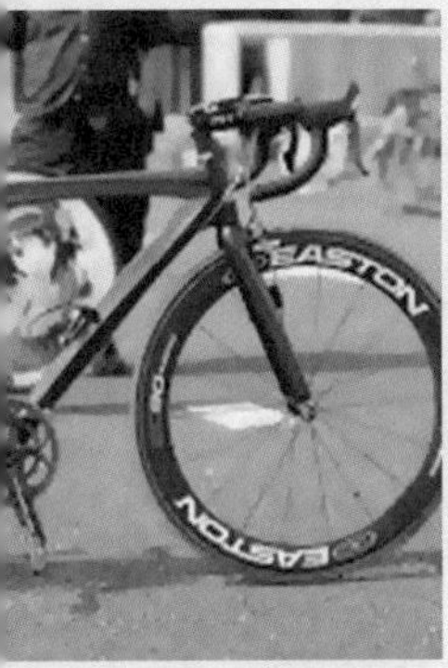
EASTON
EASTON
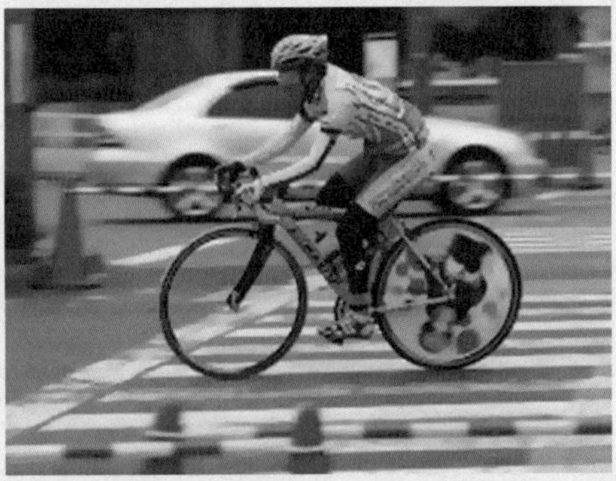
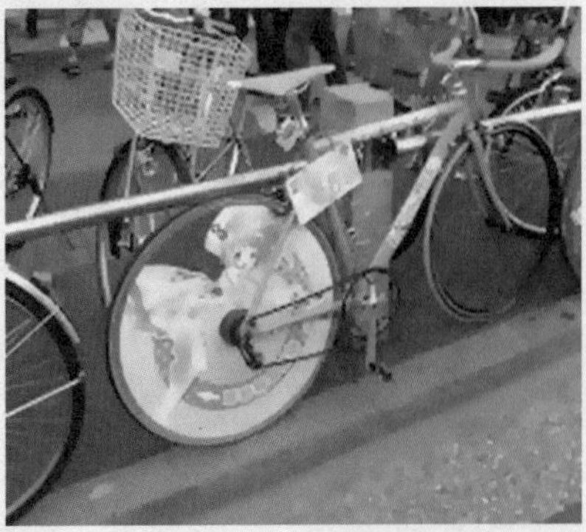
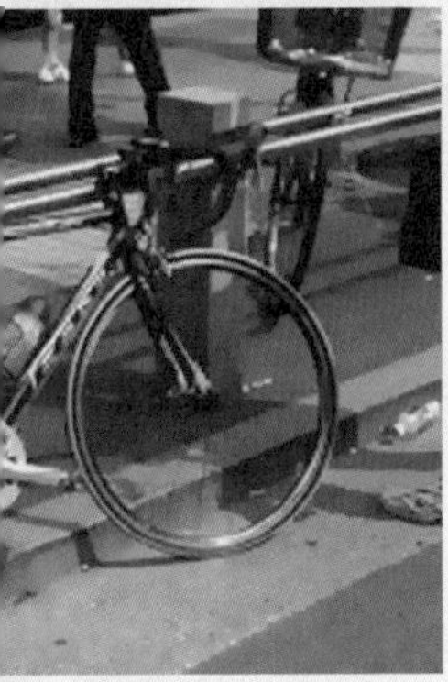
IKAMUSUME
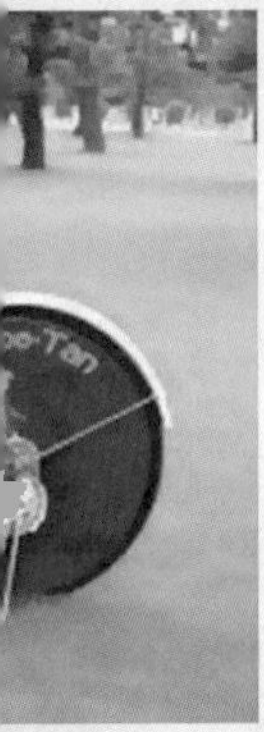
373
cervélo
LoveLive
KOTORI
CORIMA
GIANT
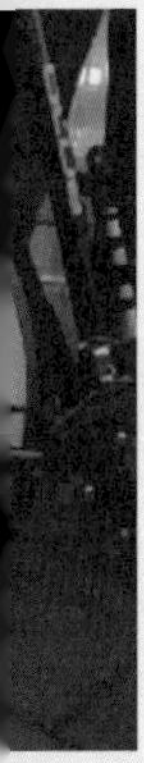
Firefox

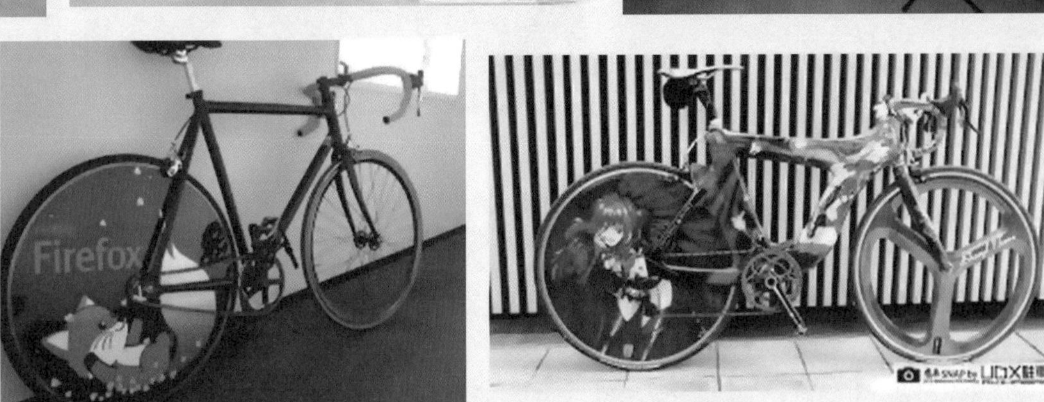

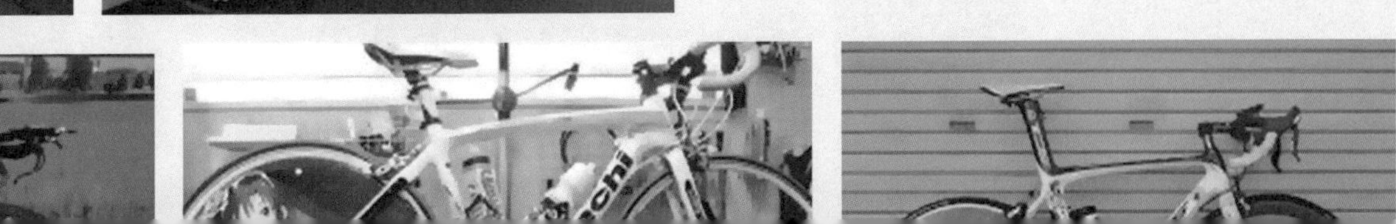

cervélo
FATE
FATE
AKURA

Bianchi

HUMMER

Bianchi

BP3

피프틴 24시
고양시 공공자전거 서비스 피프틴(FIFTEEN)

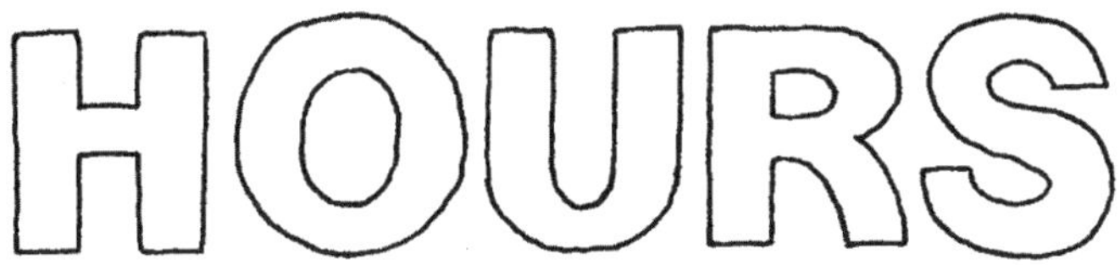

피프틴은 고양시가 2010년 도입한 공공자전거 서비스의 이름. 고양 시민의 15%가 이 서비스를 이용해주길 바라는 염원이 담겨 있는 작명이다. 학생에서부터 주부, 회사원, 노년층 그리고 관광객까지 두루두루 피프틴의 초록색 자전거를 타고 달리는 모습을 쉽게 목격할 수 있다. 신도시 특성상 거주구역에서 서울로 이어지는 교통 중심지가 있는 역세권으로 가기 위해서는 마을버스나 시내버스, 또는 자가용을 이용해야 하는 또 다른 번거로움이 있다. 이러한 교통수단의 누적을 피하면서도 신도시의 정방형 도로 구획의 장점을 잘 이용할 수 있는 것이 스테이션 곳곳에 위치한 자전거이다. 125개 스테이션과 3천여 대의 자전거를 관리하기 위해서 피프틴 트럭이 매일 고양시를 순환한다. 아침 7시 30분부터 저녁 11시까지 이어지는 그들의 자전거 순환 시스템을 따라가 봤다.

18:00 ~ 19:00
식사

19:00 ~ 23:00 ⑤
운용팀 수거 및 재분배

23:00 ⑥
운용팀 보고

01:00
2차 보고 및 퇴근

사람에 의해 반납된다. 고양시 시민들은 다 피프틴을 알고 있기 때문에 이 자전거를 집에 가져갈 수가 없다. 주택 보다는 아파트가 많다 보니 보는 눈이 많다. 한 번은 어느 주부가 "우리 애가 베란다에 피프틴 자전거를 가져다 놓은 것 같은데, 아들이 지금 입대해서 군대에 있다"며 전화를 주셨다. 그래서 찾아가 봤더니, 피프틴 자전거가아니라 그냥 초록색 자전거였다. 또, 세탁소 앞에 몇 시간째 피프틴 자전거가 세워져 있다고 신고가 와서 가보면, 피프틴 회원인 세탁소 주인 아저씨가 잠깐 세워뒀던 경우도 있었다. 도난이나 분실자전거는 거의 다 들어온다.

피프틴으로 인해 고양시 내 자전거 업체가 어렵다는 기사를 봤다.

내가 고양시에서 지금까지 15년 정도 살았는데, 사람들이 지금만큼 자전거를 많이 이용한 적은 없었던 것 같다. 피프틴이 생겨나고 전반적으로 자전거 이용률이 높아졌다. 필요할 때는 피프틴을 타고, 또 개인 욕구에 맞춘 자전거를 구매해서 다니기도 하면서 자전거 구매율이 전반적으로 높아졌다고 한다. 또, 호수공원 주변에 가보면, 민간, 소상공인, 자전거 업체들이 운영하는 자전거 대여 가게가 많다. 피프틴은 스테이션과 자전거 수가 정해져 있다 보니 많은 사람이 이용하기 어렵다. 자전거 대여점에서 사람들은 2인용 자전거나, 아이들을 태우고 다닐 수 있는 트레일러가 달린 자전거 등 다양한 종류의 자전거들을 대여할 수 있다. 그래서 주말에 호수공원에 나가보면 피프틴이나 개인 자전거도 많지만, 업체의 대여 자전거 또한 많다. 뉴욕의 공공자전거인 시티바이크의 경우 헬멧 착용을 권장하기 때문에, 일반 자전거 가게에서 시티바이크 이용자에게 헬멧을 빌려줄 수 있도록 시에서 지원한다더라. 피프틴도 다른 업체들과 같이 윈윈(win-win)할 수 있는 방법이 있지 않을까 싶다.

피프틴의 이용량을 알 수 있을까? 이용률은 증가하고 있나?

이용량은 꾸준히 증가해왔다. 하루 이용 횟수는, 평균 5,000~6,000회, 주말에는 8,000~9,000회 정도이다. 자전거가 계절을 타기 때문에, 3월 초부터 이용률이 높아지기 시작해서 4월부터 7월까지 정점에 이르고, 8월에는 장마나 태풍의 영향으로 좀 줄고, 9~10월에 다시 높아지다가 11월 말부터는 줄어든다.

[운용팀]

피프틴 센터에 배치된 자전거들은 예비로 준비되어 있는 것인가?

예비는 아니고, 스테이션마다 배송 차량 기사님들이 자전거 수급 조절도 하지만 불량 자전거나 상태가 안 좋은 자전거를 본사로 가지고 들어오신다. 고장 난 자전거를 수리 센터에서 수리하고 출고시킨다. 여기 있는 자전거들은 수리를 마친 자전거이거나 갓 입고된 상태가 좋지 않은 자전거다.

거치대에서 자전거가 인식되지 않는 경우가 있다. 이런 경우 자전거가 고장난 건가?

그 경우는 보통 거치대의 시스템에 문제가 생긴 것이다. 자전거 문제가 아니다. 피프틴을 처음 이용하는 비회원 중에 거치대에서 자전거를 잘못 빼시는 분들이 있다. 원래 정석대로 하면 손잡이만 잡고 뽑아야 하는데 브레이크를 같이 잡고 뽑을 경우 미인식자전거로 되어버린다. 그래서 화면에는 자전거가 없는 것으로 체크가 된다. 운용팀이 순환하면서 그때그때 조치한다.

[수리 센터]

수리 센터에는 다섯 명의 정비사가 있다. 하루에 평균적으로 30~50대의 자전거를 수리한다. 타이어가 구멍 난 자전거까지 포함하다 보니 좀 많다. 보통 타이어에 구멍 난 경우가 가장 많고 브레이크나 자가 발전 라이트 선이 끊어지는 경우도 적지 않다.
펑크 난 자전거가 아니라 다른 문제가 있는 자전거의 경우에 겉보기엔 문제가 없어 보여서 운용팀이 거둬오지 않는다. 보통 시민들이 고장 신고를 해줘야 알게 되는데, 고장 신고를 하면 그 자전거 거치대에 록(잠금)이 걸려 자전거가 빠지지 않게끔 되어있다. 그런 신고를 하지 않으면 다른 사람이 대여하고, 또 다른 사람들이 대여하고 하면서 고장 난 자전거를 찾기가 쉽지 않아진다. 고장 난 자전거는 바로 신고해 주시면 감사하겠다.

[피프틴의 하루 일정]

피프틴은 자전거의 수급 상태를 모니터링하는 상황실, 자전거의 수급을 조절하고 고장이 난 자전거를 수거해오는 운용팀, 자전거를 수리하는 정비팀, 그리고 실무를 담당하는 센터로 이루어져 있다.

07:20 

운용팀 전 직원 출근,
자전거 출고 현황 파악

07:30 ~ 12:00 ②

지하철, 상권 등에
몰려있는 자전거 수거
및 재분배

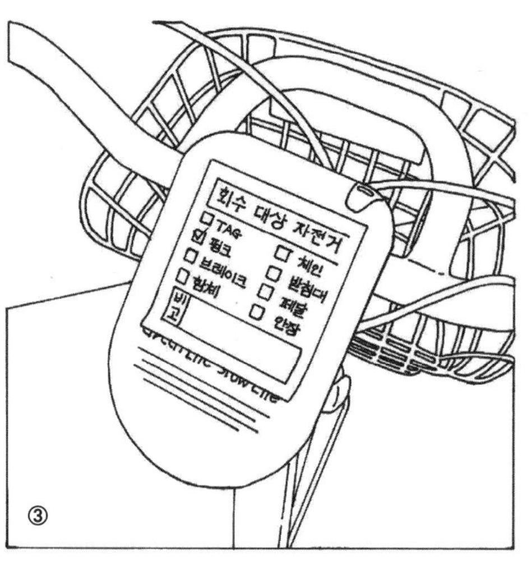

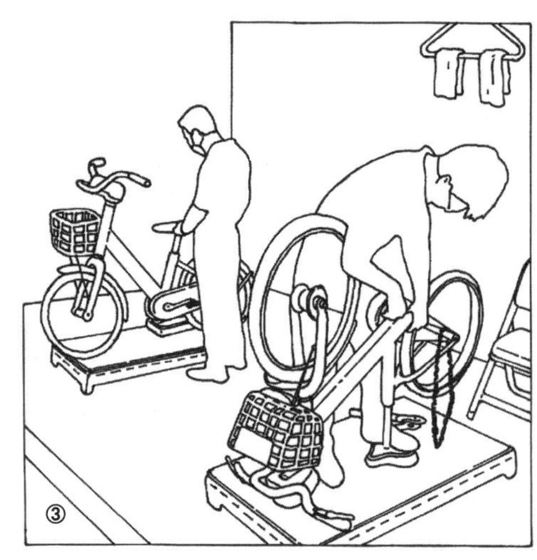

12:00 ~ 13:00
식사

14:00 ③
파손된 자전거 수거 및 정비팀에 전달

15:00 ④
운용팀 수거 및 재분배

18:00
정비실과 센터 실무팀 퇴근

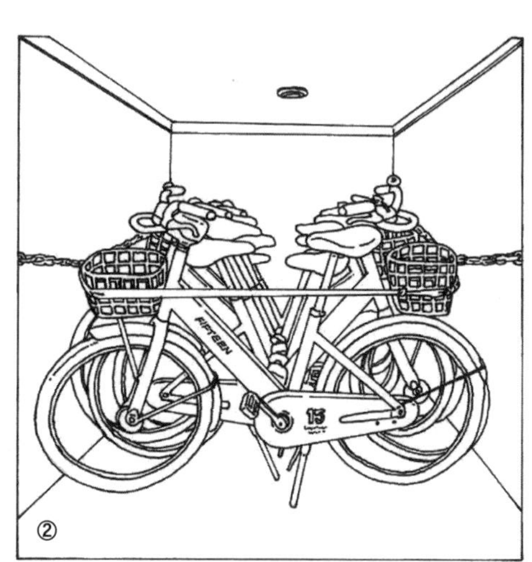

[실무팀]

고양시의 피프틴 외에 공공자전거 서비스가 있는 다른 도시가 있나?

창원이 2009년도부터 자전거 시범도시로, 먼저 '누비자' 라는 공용자전거 서비스를 시작했다. 그리고 고양시가 두 번째로 2010년 피프틴을 시작했다. 어느 정도 큰 규모로 진행하는 다른 지역은 대전의 '타슈', 경기도 안산의 '페달로'이며, 여수와 순천은 관광도시다 보니 U-Bike가 관광 교통을 보완하고 있다. 창원은 공업도시이기도 하고, 마산, 진해까지 이어지는 광범위한 지역을 포괄하기 때문에 규모로 따지면 가장 크게 운영되고 있다. 고양시 피프틴이 규모와 이용률로는 두 번째다.

피프틴 자전거의 디자인이 돋보이는 것 같다.

디자인은 이노이즈에서 진행했다. 한국 공공디자인 지역 지원재단에서 주관하는 '국제공공디자인 대상2009'에서, 피프틴이 공공 분야에서는 행정안전부 장관상을, 민간 분야에서는 대상을 받았다. 피프틴의 사업 모델은 프랑스의 벨리브(Vélib')이며, 디자인의 측면에서는 타 도시, 외국의 공공자전거와는 조금 다르지 않나 싶다. 다른 도시의 공용자전거도 벨리브 디자인과 가장 흡사하다. 피프틴의 경우는 여자분들도 더 편하게 많이 탈 수 있도록 프레임을 대각선으로 해서 쉽게 올라탈 수 있도록 했다. 심지어 치마를 입고도 탈 수 있다는 것을 강조하기 위해서 홍보 동영상에는 한복을 입고 자전거를 타는 모습을 담았다. (웃음) 생활 편의성을 더 고려해서 디자인했다.

사용자 패턴은 어떻게 확인할 수 있나?

상황실에서 이용 현황을 24시간 모니터링한다. 이용 지역별로도 차이가 나지만 시간대별로 크게 차이가 난다. 덕양구는 규모가 더 작고 스테이션들이 응집되어 있기 때문에 덕양구 내에서는 대여·반납이 잘 해결되고 순환도 원활하다. 일산구의 동구와 서구의 이용 패턴은 좀 더 다이나믹한데, 출퇴근 시간에는 일산 동구의 스테이션에 많이 몰리는 편이고 저녁 시간 이후에는 일산 서구 쪽 아파트 단지 주변으로 자전거가 많이 몰린다. 그렇다 보니 일산 서구의 한 스테이션의 경우, 저녁 시간에는 2시간 간격으로 자전거를 수거해야 하기도 한다. 또, 평일에는 일반적으로 지하철, 학교 주변의 이용률이 높고, 주말에는 공원 인근 스테이션의 이용률이 높다. 주말은 고양시 호수공원이나 킨텍스로 놀러 오는 외부 방문객들이 많으므로 호수공원 주변에 가면 자전거가 없는 경우가 많다. 따라서 이용자 유형을 다 파악하는 데는 한계가 많다. 이용자의 기본 정보(이름, 나이, 지역, 휴대폰 번호)만 파악이 가능하므로, 구체적인 이용 목적이나 직업 등을 정확하게 알 수는 없다. 하지만 시민들이 센터로 스테이션 증설이나 자전거 배치 등과 관련된 민원을 넣을 때 그들의 직업 등을 알게 되는 경우가 있다. 학교 수업을 마치고 자전거를 타려고 하는데 학교 주변 스테이션에 자전거가 부족하다고 전화를 할 때, 이 회원이 학생 이구나를 알 수 있다. 또한, 관제 센터가 24시간 돌아가기 때문에 새벽에 피프틴 관련 문의나 민원을 받기도 한다. 그 과정에서 대리운전 기사들이 피프틴을 많이 이용 한다는 것을 알 수 있었다. 음주 후에 자전거를 타고 집에 가려는 사람들도 있다. 버스는 끊겼고 택시비는 아깝고 걸어가기엔 좀 멀고 그러면 자전거를 이용한다. 특히 라페스타, 웨스턴돔 (일산신도시 내 쇼핑 거리이자 음식점과 술집이 밀집해 있는 상업단지)에 있는 스테이션은 밤이 되면 늘 러쉬다. 자전거 음주운전은 사실 불법이다.

주말에도 피프틴 운용팀이 돌아가는가?

사무실과 수리 센터는 주말 근무를 하지 않지만, 상황실이 있는 관제 센터는 24시간 돌아가고, 운용팀은 격일로 주중, 주말 모두 근무한다. 운용팀은 일산 동구에 두 명, 서구에 두 명, 덕양구에 한 명, 그리고 팀장을 포함해 여섯 명이 한 팀을 이룬다. 모두 12명이 두 팀을 이뤄 격일로 근무한다. 주말이 되면 사람들이 호수공원으로 많이 놀러가기에 주말 이용률이 훨씬 많다.

도난 자전거 수거는 어떻게 하는가?

도난된 자전거들은 거의 다 수거가 된다고 보면 된다. 자진 신고를 하지는 않지만 다른 고양시 시민들이 신고 한다. 고양시 시민들은 신고정신이 투철해서 예를 들면, 아파트 주차장에 피프틴이 있다며 사진과 문자를 보내주기도 한다. 한 번은 도난 자전거인데 색칠을 했더라. 근데 티가 나서 안 되겠던지 스테이션에 그냥 세워뒀다.

분실의 경우는 어떠한가?

추가 요금이 계속 나가기 때문에, 본인이 잃어버린 경우에는 100% 신고를 한다. 그러면 보름 정도의 시간을 주는데, 대게 보름 안에 잃어버린 사람이나 다른

CUSTOM
CULTURE
알바퀴
텃바퀴

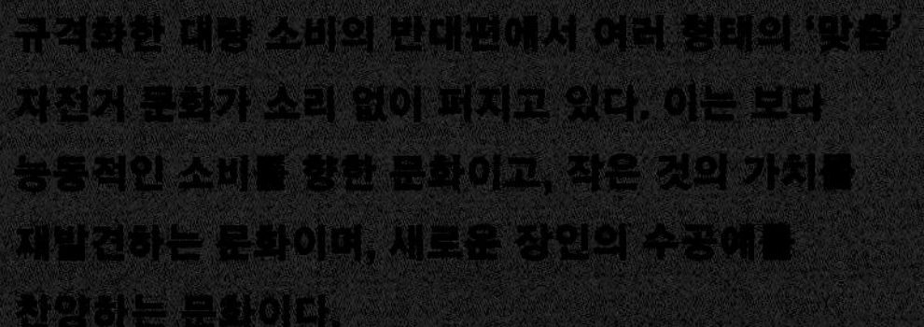

규격화한 대량 소비의 반대편에서 여러 형태의 '맞춤' 자전거 문화가 소리 없이 퍼지고 있다. 이는 보다 능동적인 소비를 향한 문화이고, 작은 것의 가치를 재발견하는 문화이며, 새로운 장인의 수공예를 찬양하는 문화이다.

의뢰인의 신체에 꼭 맞는 하나뿐인 프레임을 제작하는 빌더부터 세상에 존재하는 무수한 자전거 재료를 그러모아 의뢰인이 원하는 자전거를 재창조하는 조립 전문가, 안장을 비롯한 자전거 액세서리 분야에서 일가를 이루고자 하는 수공업자, 자전거에 개성이라는 옷을 입히는 도색 전문가까지 자전거 커스텀 분야의 면모는 다양하기만 하다. 의뢰인과 제조업자의 관계를 넘어서 자신의 생활양식에 맞는 새로운 자전거를 '창조'하는 문화·예술계의 커스텀 분야도 있다.

느린 걸음으로 산보하듯 커스텀 세계에서 활약하는 사람들을 만나 보았다. 사람과 사람이 만나 자전거 '문화'가 꽃핀다. '커스텀 컬처'의 현장이다.

바이시클 프린트

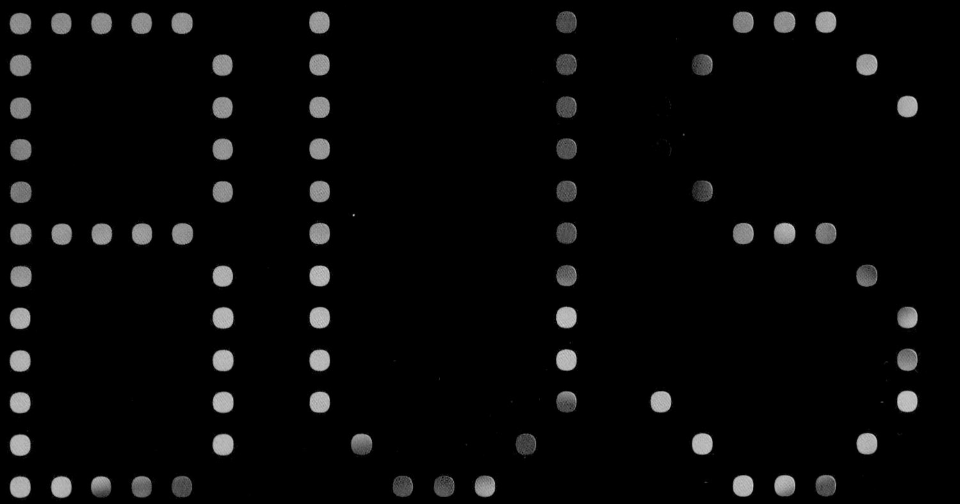

상상한 것이 제품이 된다

1
2
4

BICYCLE PRINT

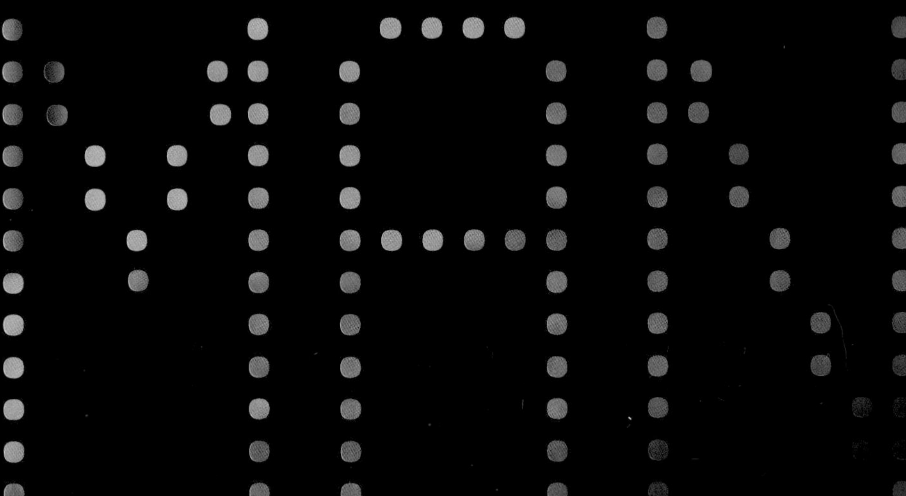

믹 필의 비지맨 바이시클 Mick Peel's BUSYMAN BICYCLES

바이시클 프린트
BICYCLE PRINT

바이시클 프린트

BICYCLE PRINT

사진: 페리데 필(Feride Peel)

상상한 것이 제품이 된다

믹 필(Mick Peel)은 호주 멜버른에 있는 자신의 홈 스튜디오를 기반으로 자전거용 커스텀 가죽 제품을 디자인하고 제작한다. 이름하여 '믹 필의 비지맨 바이시클'(Mick Peel's BUSYMAN BICYCLES) 스튜디오. 패션디자인을 공부하고 20여 년간 패션을 가르쳐 오던 믹 필은 왜 자전거 안장 만들기에 빠지게 된 걸까?

믹 필(Mick Peel)
호주 멜버른에 있는 RMIT 대학에서 패션디자인 학사와 석사를 졸업하고 현재 박사 과정을 밟고 있다. 같은 대학교에서 패션디자인 강의를 했고 5년간 패션디자인 프로그램의 디렉터로 있었다. 비지맨 스튜디오를 시작한 것은 2008년으로 거슬러 올라간다. 그는 자신의 제품을 개발할 때 패션 디자인 교육 과정에서 배운 많은 기술을 적용한다. 학교에서 보낸 오랜 시간을 뒤로하고 이제는 비지맨 바이시클(BUSYMAN BICYCLES)을 자신의 전업으로 삼기로 했다.
www. busymanbicycles.blogspot.com

과거 자신의 경력·직업이 이 일과 관련이 있는 것 같나.
정규 교육으로는 패션 디자인을 배웠다. 그리고 지난 20년간 대학교 수준의 교육 기관에서 패션 디자인을 가르치는 교육자로 재직해왔다. 패션 산업에서 일하면서 몇몇 독립 패션 레이블을 설립해본 적이 있다. 패션업계에 있는 동안에 의복 공학 중 내가 진정으로 열정을 쏟아 부었던 분야는 재단과 디자인이다. 난 패턴 자르기와 의복 디자인을 흥미롭게 만드는 기술적인 디테일을 항상 즐겼다. 패턴을 자르며 얻은 기술과 직감, 재단에 대한 관심은 커스텀 안장을 만들 때 큰 도움이 되었다. 그래서 지금은 비지맨 바이시클이 내 전업이 되었다.

커스텀 안장 커버에 그토록 관심을 기울이게 된 특별한 이유라도 있나?
쓰지 못할 정도로 낡아버린 자전거를 직접 고치고 그중 살려서 다시 사용할 만한 부품을 모으다 보니 그렇게 됐다. 부품 중에는 안장도 있었다. 안장에 가죽 커버를 입히려고 했던 처음 작업은 결과가 형편없었다. 하지만 여러 차례 시도가 이어지면서 솜씨가 점점 나아지는 게 느껴졌다. 이러한 시행착오를 통해 소재와 기법에 대해서 상당히 많이 배울 수 있었다. 커스텀 커버를 입힌 안장은 유일무이할 수밖에 없으므로 특별하다. 비슷한 안장에 커버를 입히는 작업을 수없이 해보았지만 똑같은 건 하나도 없다. 전부 세상에 하나뿐인 스페셜한 존재다.

어떤 자전거를 타는지, 그 자전거에도 자신이 직접 만든 커스텀 안장을 설치했는지 궁금하다.
주로 고정기어가 있는 로드 바이크를 탄다. 얼마 전에 쿠모 사이클(Kumo Cycles)에 주문해놓은 자전거가 정말 기대된다. 또 최근에 길거리에서 발견한 낡은 산악자전거(MTB)를 26인치 사이클로크로스(험한 지형 위로 자전거를 타고 달리다가 도저히 자전거를 탈 수 없는 곳에서는 자전거를 들쳐 메고 달리는 경주) 자전거로 변신시키기도 했다. 그리고 이 모든 자전거에는 내가 직접 만든 가죽 안장, 핸들바를 달았고 페달 스트랩을 가죽으로 만들어 단 것도 있다. 아내의 자전거에도 가죽 장식을 달았다. 우리 집에는 자전거가 참 많다.

상담부터 디자인, 제작까지 어떻게 이루어지는지 알려달라.

사람들은 주로 소문을 듣고 찾아온다. 블로그, SNS 등의 온라인과 오프라인을 가리지 않고 말이다. 그렇다고 내 웹사이트나 온라인 쇼핑몰이 따로 있는 건 아니다. 이들은 커스텀 가죽 장식을 어떻게 주문하는지 묻기 위해 보통 이메일로 연락한다. 그럼 나는 제작 과정을 설명한 후 현재 대기 목록에 얼마나 많은 인원이 있는지, 그럼에도 여전히 기다릴 용의가 있는지 묻는다. 그리고 고객에게 어떤 부분이 필요한지 논의하고 그들의 자전거에 어울릴 만한 디자인 아이디어 몇 가지를 낸다. 보통은 고객이 내게 안장을 보내고 내가 커버를 새로 제작해 기존 안장에 씌운다. 먼저, 안장 내부에 있는 폼 패딩에 손상을 가하지 않도록 조심하면서 기존 커버를 제거한 뒤, 새 커버 패턴을 만들고 맞춤형 장식을 넣고 커버의 형태를 잡은 후 안장에 새 커버를 붙인다. 그리고 사진을 찍어서 고객에게 SNS나 메일로 보낸다. 이런 모든 일을 내가 직접 한다. 커스텀 바 테이프의 가장자리는 외과용 메스를 사용해서 손으로 직접 깎는다. 테이프에 있는 모든 구멍은 1공 펀치, 나무망치로 직접 내고 솔기 부분은 새들 스티치 방식으로 꿰맨다. 재봉틀은 일부 바 테이프에 장식 스티치를 넣을 때만 사용한다.

작업할 때 가장 선호하는 안장은 무엇인가?

보통 셀레 산 마르코(Selle San Marco), 셀레 이탈리아(Selle Italia), 피직(Fizik), 셀레 SMP(Selle SMP) 등 이탈리아 안장을 선호한다. 미국에서 나온 전문용 안장도 괜찮다. 피직 아리오네(Fizik Arione) 시리즈나 셀레 이탈리아 SLR 시리즈처럼 형태적으로 단순하고 쓰기 쉬운 모델도 있다. 안장 중앙에 오려낸 부분이 있거나 크고 둥그런 형태라면 새 커버를 씌우기 어려운 편이다. 나는 셀레 SMP 안장 작업을 정말 좋아한다. 형태가 꽤 복잡하므로 완성할 때마다 굉장한 성취를 해낸 듯한 느낌이 들기 때문이다. 안장용 가죽 소재는 식물성 태닝 작업을 거친 캥거루 가죽을 쓴다.

당신의 고객에 관한 재미있는 이야기가 있나?

각기 다른 이유로 모든 고객이 흥미롭다고 생각한다. 작업의 처음부터 끝까지 관여하며 상호작용하려는 고객도 있고 나한테 온전히 결정권을 넘기고 완성된 제품으로 놀라게 해달라고 하는 고객도 있다. 타조 가죽이나 야구공 가죽처럼 특이한 소재를 쓰고 싶다는 요청을 받기도 한다. 휠체어용 바 테이프, 카페레이서 오토바이용 안장을 만든 적도 있다.

커스텀 안장을 주문하는 사람들에게 공통된 취향이 존재하는 것 같은가?

아니다. 초기에는 옛날 로드 바이크를 복원하려는 이들을 위해 일해주는 때가 많았다. 요즘은 하이엔드 로드 바이크를 취향에 맞게 꾸미는 사람이나 커스텀 바이크를 제작하는 사람들을 위한 작업을 많이 한다. 고객 대부분은 남성이고 여자는 가끔이다. 로우 라이더 바이크(차대를 낮추고 핸들을 높인 자전거)나 BMX용 안장 작업도 한 적 있다.

요즘은 자전거뿐만 아니라 음식, 패션 등 다양한 분야에서 핸드메이드에 대한 관심이 높다. 이러한 현상을 어떻게 설명할 수 있을까?

왜 그런지 설명할 방법이 없다. 아마 대량 생산 세계에 팽배할 수밖에 없는 균질성에 질려버린 건 아닐까 짐작해본다. 비스포크(주문 제작 의상)와 핸드메이드 산업이 커지는 건 확실하다. 현대의 수제 기술은 옛것과 오늘의 기술을 적절히 잘 섞고 활용하고 있는 것 같다. 비지맨 바이시클의 제품은 대게 내가 직접 손으로 만든다. 나는 내가 쓰는 물건들 또한 고유하게 만들기 위해 늘 어느 정도 변형하곤 한다. 그렇게 대단한 변화를 주었다고 생각하지는 않는다. 내가 만든 가죽 제품을 원하는 이들이 있다는 사실이 여전히 놀랍고 즐거울 따름이다.

가죽을 얇게 떼어내는 가죽 켜기(skiving) 작업

안장 커버 외에 자전거와 관련된 다른 사물을 커스터마이징할 계획이 있는지 궁금하다.

핸들바 테이프 작업도 안장과 비슷한 수준으로 해보았다. 소형 안장 가방, 도구 두루마리도 여러 크기로 만들었었다. 가죽 커버를 입혀달라고 자신의 핸들바를 보내는 고객도 있다. 다음 달에 작업할 주문 중에는 자전거 완충장치에 달 흙받이도 있다. 나는 자전거와 관련된 가죽 제품을 제작하는 일에 대해 항상 열려 있다. 하지만 체계적인 계획이 있지는 않다. 지금껏 내가 한 모든 프로젝트는 여러 고객이 주문한 내용에 부응하다 보니 나온 것이다. 함께 상상한 내용이 결국 제품으로 제작된다.

당신에게 이상적인 라이딩이란?

깔끔한 자전거, 뒷바람, 친구, 맑고 따뜻한 날씨, 그리고 가끔은 언덕길도 필요하다.

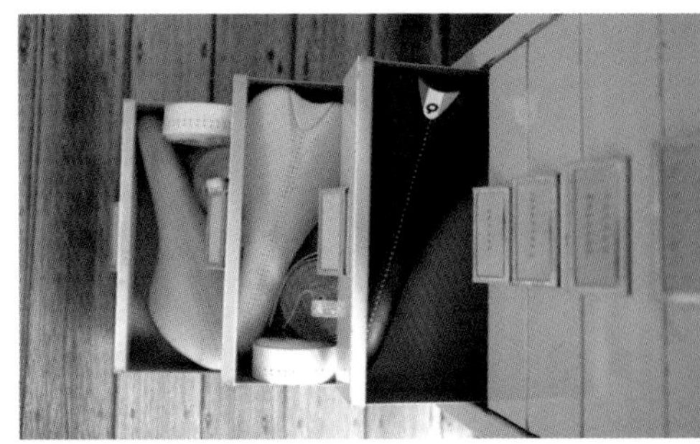

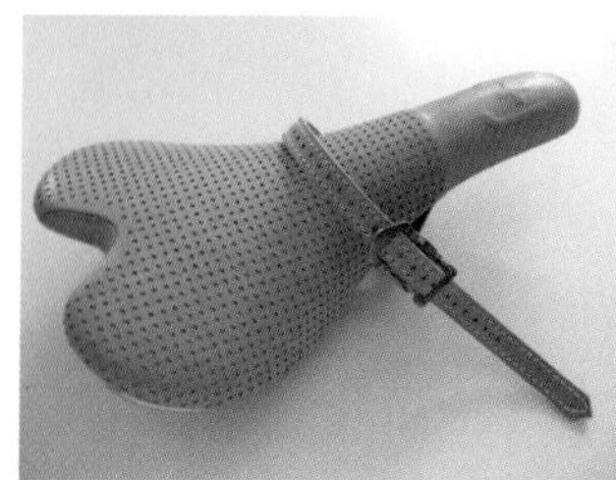

식물성 태닝 작업을 거친 캥거루 가죽으로 감싸 만든 피직 알리안테(Fizik Aliante) 안장이다. 기본 펀칭 패턴에 십자가 모양의 패드를 넣었다. 작은 롤 백을 안장에 달 수 있도록 같은 스타일의 스트랩을 맞췄다. 안장과 롤 백 모두 주인의 Baum CX 자전거와 잘 어울린다.

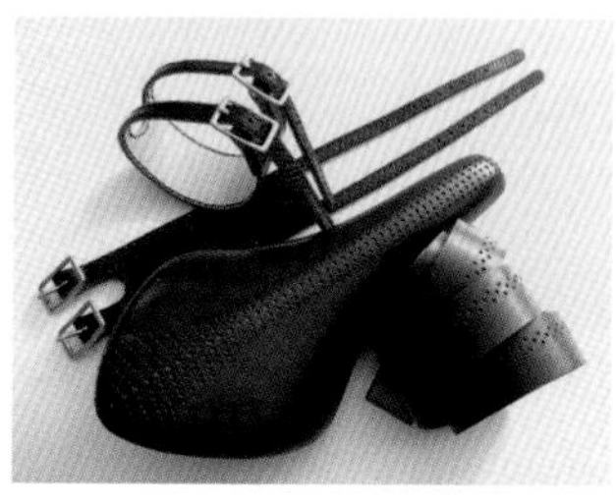

피직 아리오네(Fizik Arione) 안장에 직접 염색한 고풍스러운 호두나무 색의 캥거루 가죽을 감싸 만들었다. 핸들바 테이프와 더블 토 스트랩(자전거를 탈 때 발을 페달에 고정하는 끈)도 이에 어울리게 만들었다. 스트랩은 직접 한 땀 한 땀 장식 스티치를 넣고 가장자리는 광택이 나게 했다. 펀칭 패턴의 배경색은 보라색이었는데 호주 브런즈윅 로컬 자전거 가게인 제트니코프 사이클(Jetnikoff Cycles)에서 프레임 빌딩한 싱글 기어 자전거의 색깔과 매치한 것이다.

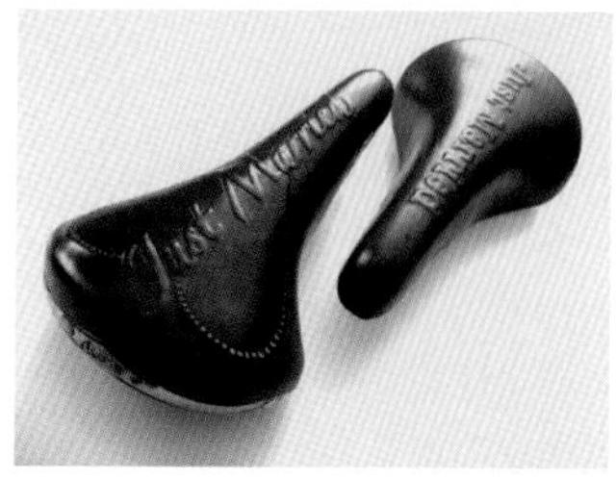

손으로 염색한 짙은 갈색으로 감싸 만든 셀레 산마르코 롤즈 안장 한 쌍이다. 이 안장들은 호주 발레 댄서 커플인 디미티와 루디의 결혼식에 쓰일 텐덤 바이크의 안장으로 주문 제작되었다. “우리 방금 결혼했어요”라는 사랑스러운 문구도 있다.

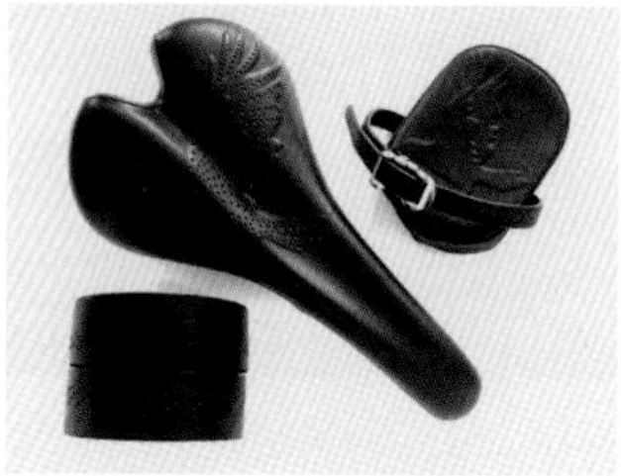

검은색 캥거루 가죽에 까마귀 모티프를 펀칭하고 폼패딩을 넣어 만든 피직 베스타(Fizik Besta) 안장이다. 작은 안장 가방과 펀칭해서 만든 바 테이프 모두 세트였는데, 제니퍼의 씨엘로(Cielo) 자전거와 잘 어울렸다. 하지만 안타깝게도 이 자전거는 그녀의 집 차고에서 도난당했다.

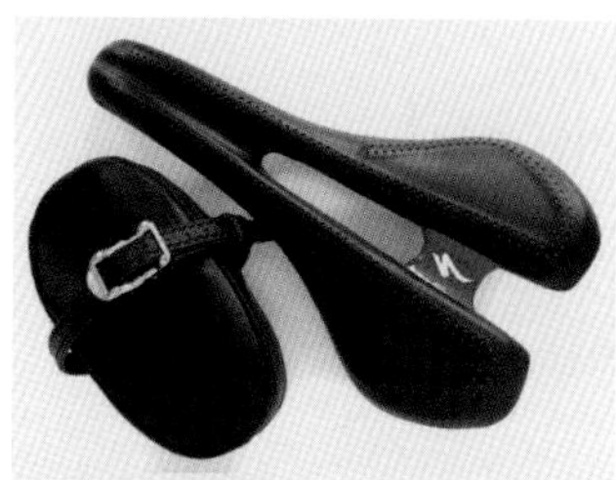

스페셜라이즈드(Speicalized) 회사의 로민(Romin) 안장에 검은색 캥거루 가죽을 입히고, 안장의 윤곽선을 따라서 빨간색 배경의 펀칭 가공을 했다.

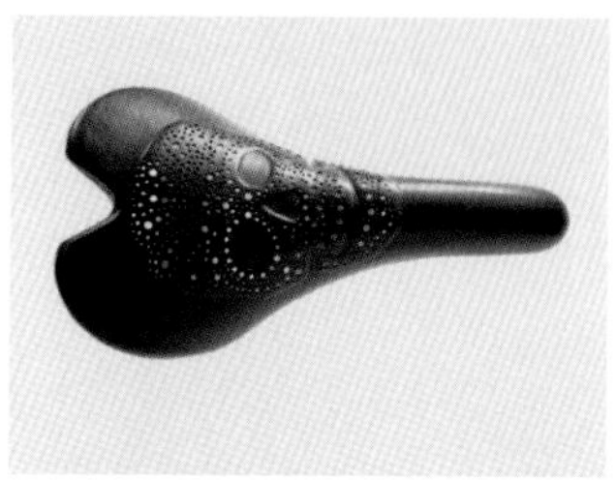

피직 알리안테 안장에 검은색 캥거루 가죽을 덮은 뒤 해골 모양으로 패드를 만들어 넣고, 무지개 색깔의 펀칭 가공을 했다. 이 새들은 나의 자갈 갈기(비포장도로 특히 자갈이 많은 도로를 달리는 경기) 마운틴 로드 바이크의 안장이다.

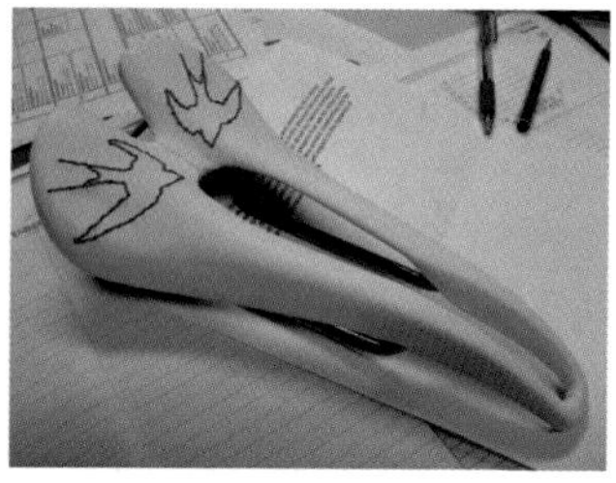

셀레 SMP(Selle SMP) 안장에 칼새가 수 놓인 하얀색 가죽을 씌웠다. 이 안장은 멜버른 출신의 사이클 선수인 내 친구 브리디 오도넬(Bridie O'Donell)의 것이다.

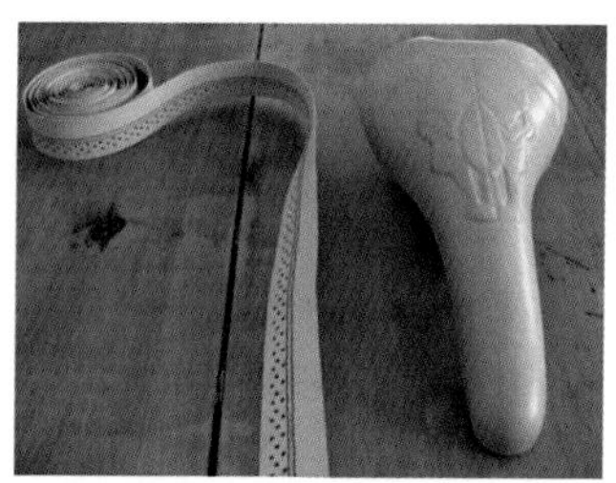

셀레 이탈리아 플리테(Selle Italia Flite) 안장에 자연 가공한(인조가 아닌) 캥거루 가죽을 감쌌다. 안장에는 패드를 넣어 물소의 두개골 형상이 두드러지게 했다. 바 테이프에는 더블 스티치 가공과 펀칭 가공을 더 했다. 식물성 태닝 가공을 거친 가죽은 시간이 지날수록 점점 예스러운 꿀 빛깔을 보여 줄 것이다.

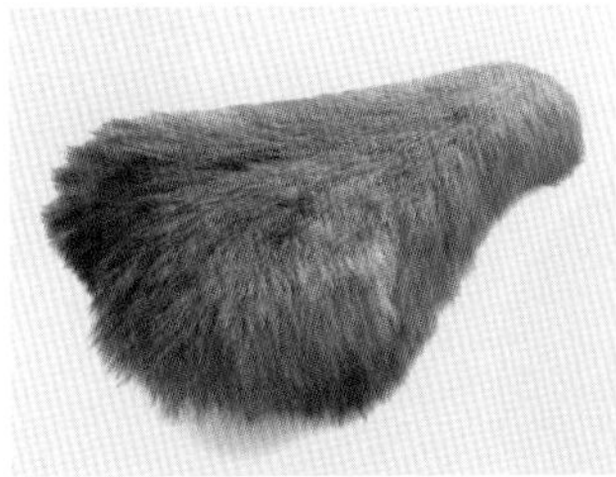

데이브(Dave)가 타고 다니는 브루클린 머신 웍스 파크 바이크(Brooklyn Machine Works Park Bike)의 24인치 사이즈 자전거의 오버 사이즈 안장이다. 안장에는 호주산 소형 캥거루인 왈라비의 가죽을 덮었다.

쿠비(Koobi) 안장에 식물성 태닝 가공한 캥거루 가죽을 덮었다. 가운데 검은색 가죽은 좀 더 거친 캥거루 꼬리 가죽으로 만들었고 갈색 부분의 가죽은 직접 천연 염색을 해서 시간이 지날수록 색이 깊어진다. 각기 다른 가죽과 색깔의 패치들은 손으로 직접 꿰맸다.

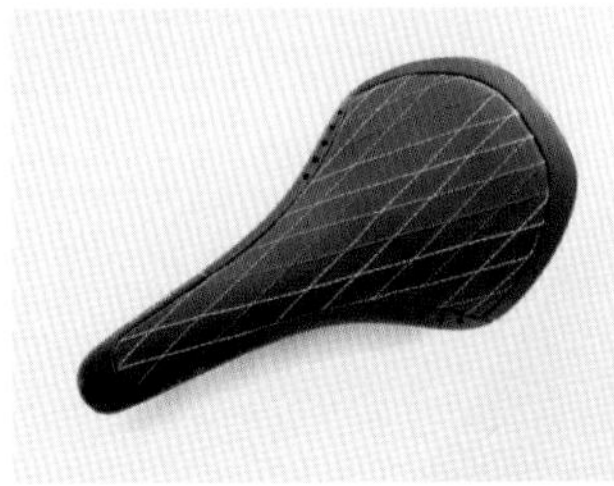

피직 커브 카멜레온(Fizik Kurve Chameleon) 안장에 검은색 캥거루 가죽을 덮고 다이아몬드 퀼트 모양으로 색색의 스티치를 더했다. 색감은 라파(Rapha)의 CX 세트에서 영감을 받았다.

피직 안타레스(Fizik Antares) 안장에 검은색 캥거루 가죽을 씌우고 뛰어다니는 토끼 모양의 패드를 넣고 펀칭 가공했다.

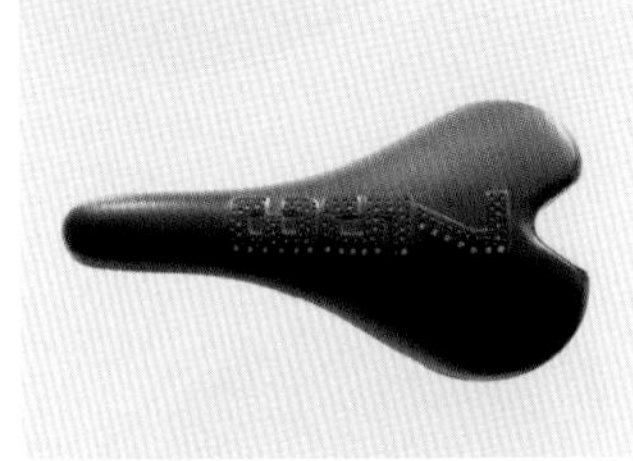

피직 알리안테(Fizik Aliante) 안장에 753이라는 숫자 패드를 넣고 펀칭 가공했다. 숫자는 레이놀즈(Reynolds) 753 튜빙에서 따왔다.

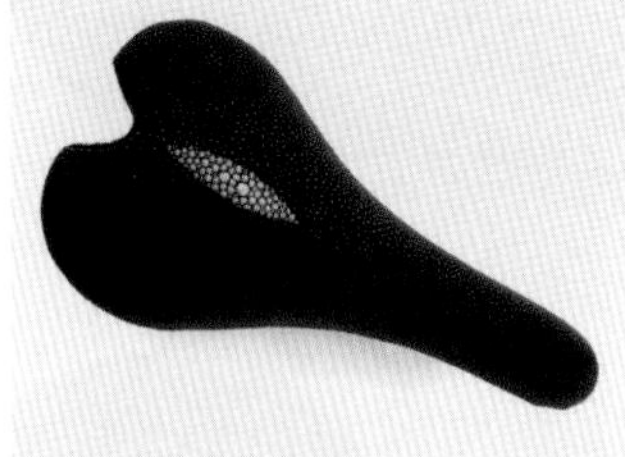

피직 알리안테(Fizik Aliante) 안장을 검은색 가오리 가죽으로 감쌌다.

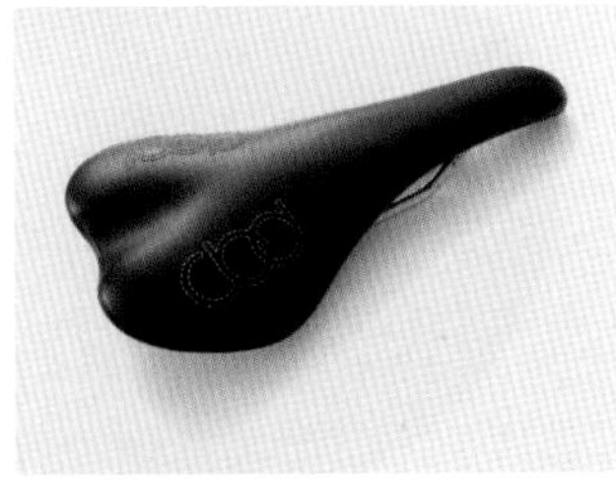

셀레 이탈리아 SLR 안장에 검정색 캥거루 가죽을 덮고 호주 시드니의 CBD 사이클 로고를 수놓았다.

앤티크 매트리스 안장을 수리하고 복원해서 릴리프 로고 패드를 엠보싱 가공했다. 호주 브리즈번의 자전거로 이동하는 커피 카트의 안장으로 쓰였다.

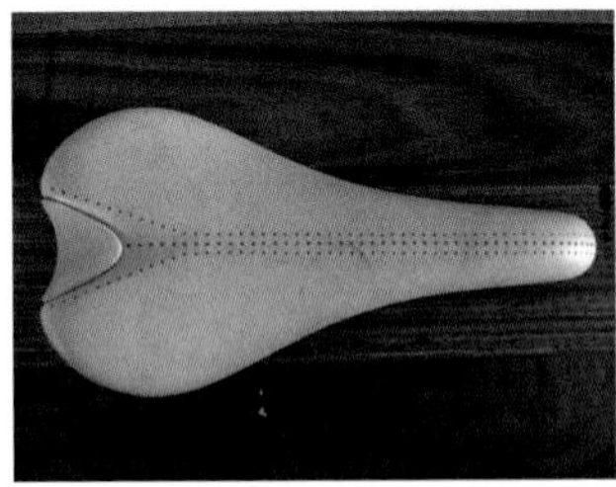

프롤로고 스크래치 낵(Prologo Scratch Nack) 안장에 천연 염색한 캥거루 가죽을 덧대고 섬세한 펀칭 가공을 했다.

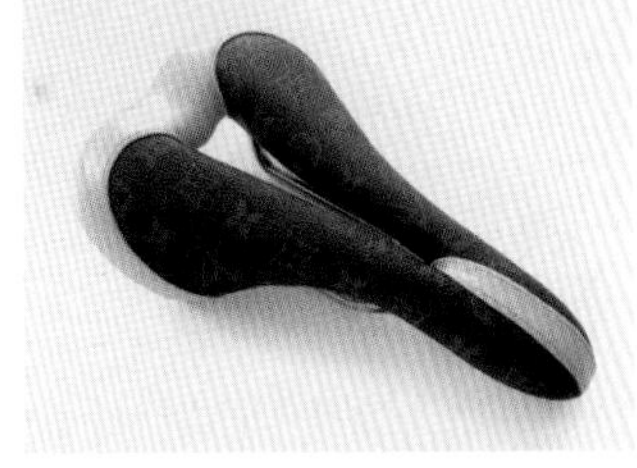

셀레 이탈리아(Selle Italia) 여성용 디바(Diva) 안장에 루이비통 캔버스 토트백을 재활용해서 감싸고 모서리 부분은 캥거루의 천연가죽으로 덧댔다. 가방의 다른 자투리로 작은 안장 가방과 롤 백, 그리고 핸들바 테이프를 만들었다.

바이시클 프린트

BICYCLE PRINT

당신이 결정하는
룩 & 필

ARC
티모시 로즈

올 로즈 커스텀즈

자전거 없는 자전거 가게 ARC에서는 대화만으로 자전거를 주문할 수 있다. 티모시와의 상담을 통해 누구나 자신이 원하는 자전거를 구체화하고 결국 '겟'하게 된다. 이국에서 당차게 자전거숍을 연 이 이방인은 우리나라에는 거의 알려지지 않은 빈티지 자전거 프레임과 거기에 어울릴 만한 안장, 바퀴, 핸들바 등을 소개하느라 바쁘다. 원한다면 티모시에게 직접 프레임 빌딩도 의뢰할 수 있다.

티모시 로즈 Timothy Rhoads
미국 아이오와주 출신으로 스페인어와 국제지역학을 전공했다. 2007년도 졸업 후 재미 반 호기심 반으로 영어 교사 이력서를 제출, 3주 뒤에 한국에 입국해 그 후 7년간 영어를 가르쳤다. 한국에서 자전거를 타기 시작했고, 2년 전 미국 메사추세츠 셜리에 위치한 자전거 공방에서 프레임 빌딩을 배웠다. 올 7월 중순 이태원 MMMG매장 안에 작은 커스텀 자전거숍을 열었다.

Hand
ASSURANCES
LE PECQ
COURBEVOIE
Rouleur
Rouleur

Built
MONDAY CLOSED
ALL RHOADS CUSTOMS
RHOADS

자전거와의 인연은 어떻게 시작되었나?

지난 몇 년간 사이클링에 푹 빠져 있었다. 사실, 7년 전 한국에 영어 교사로 오기 전에는 자전거에 별 관심이 없었다. 그전에는 스케이트보드를 탔다. 그냥 탄 정도가 아니고 내 생활의 전부라 할 정도로 열심히 탔다. 한국에 온 후 한 친구가 자전거 타는 걸 보고는 '스케이트보드를 타기엔 나이가 있으니까 자전거나 한번 시작해볼까' 하는 마음이 들었다. 친구들이 함께 자전거 여행을 가는 모습이 좋아 보였기 때문이었을 거다. 그래서 엄마에게 예전에 당신이 타던 자전거가 집에 그대로 있는지 물어보았고 아직 있다 길래 여동생에게 한국에 올 때 가져다 달라고 했다. 슈인(Schwinn)이라는 낡은 로드 바이크인데, 이걸 타기 시작하면서 자전거에 열정적으로 빠져들었다. 슈인은 1970년대에 만들어진 굉장히 오래된 자전거다. 거의 40년 정도 됐고 정말 무겁다. 한국에 있는 자전거 가게에 가지고 갔더니 수리하는 분도 이렇게 오래된 자전거는 처음 본다며 감탄을 할 정도였으니 말이다. 슈인을 타고 부산까지 간 적도 있다. 그렇게 5년 동안 나와 함께 했다.

서울에서는 자전거 타기가 어렵고 위험하다고 불평하는 사람이 많다.

맞다. 하지만 서울의 교통 체증 속에서 자전거를 배웠기 때문인지 난 이제 도로에서 타는 게 편하다. 엄마가 쓰던 자전거를 고정기어 자전거로 개조한 후 프레임 만드는 법을 배우기 시작했다. 슈인은 아직 집에 있는데 언젠가 다른 스타일로 만들어보고 싶다. 흠집투성이 고물 자전거라서 "꼭 이걸 타야 해? 좀 내다 버려"라고 말하는 사람들이 많다. 근데 난 이 자전거를 참 좋아한다. 애정을 가지고 탔기 때문이다. 자전거가 꼭 멋져 보일 필요가 있나? 낡은 만큼 추억이 깃들어 있어서 좋다.

자전거 만드는 것은 어디서 배웠나?

프레임을 꼭 직접 만들어 보고 싶었다. 커스텀 프레임 제작을 배우려고 미국에 갔다. 미국에는 큰 교육 기관이 하나 있는데 항상 대기 인원이 많아서 그 수업을 수강하려면 최소한 6개월 전에는 등록을 해야 한다. 문제는 내가 그다지 계획적인 인물은 못 된다는 거다. 마침 미국 보스턴에서 커스텀 바이크숍을 운영하는 분이 1:1 수업을 진행할 의향이 있다는 말을 들었다. 바로 이메일을 보냈다. 일반적인 수업과 달리 1:1로 운영된다는 점이 마음에 들었다.

자전거 만들기를 직업으로 삼아야겠다고 결심한 순간은 언제였나?

자전거 만들기에, 막연하지만 열정이 생기는 걸 느꼈다. 퇴근하고 돌아와 집에서 인터넷을 하면 더 좋은 교사가 되는 데 도움이 되는 내용을 찾아보는 게 아니라 온통 자전거에 대한 것만 검색하고 있었던 거다. 그러던 어느 날 문득 뭔가 잘못되어 가고 있다는 걸 느꼈다. 가르치는 일을 좋아하지도 않는 내가 왜 이러고 있는 걸까? 진짜 좋아하는 걸 하고 싶다는 생각이 들었다. 서울에서 맥주 전문점(맥파이, 이태원에 있는 하우스 맥주 전문점)을 운영하는 친구가 있는데 이 친구에게 자전거 관련 일이 하고 싶다고 말하곤 했다. 어느 날 밤 이 친구가 전화로 자전거 가게를 열고 싶은지 물어보더니 내일 함께 만날 사람들이 있다고 했다. 다음 날 커스텀 자전거에 대한 내 아이디어를 간단히 정리해서 MMMG 사람들을 만났고 이런 가게를 열 행운을 거머쥐게 됐다.

↑ MMMG 건물 계단을 올라가다 ARC 주인장 티모시 로즈와 우연히 눈이 마주치면 어색해 하지 말고 같이 웃으면 된다.

↓ 티모시 로즈의 취향을 반영하는 자전거 액세서리들도 구매할 수 있다.

굉장히 흥미로운 공간이다. 이렇게 층 사이에 있는 작은 유휴 공간을 어떻게 찾았으며 이를 자전거 가게로 사용하겠다는 아이디어는 어디서 나왔나?

이 공간은 창고로 쓰던 곳이다. GRAV(같은 빌딩에 있는 인테리어 회사) 사람들 덕분에 이런 공간으로 탈바꿈됐다. 사실 특이한 공간이나 작은 공간을 특별히 찾았던 것은 아니다. 그저 MMMG가 여기서 자전거 가게를 열어볼 생각이 있는지 묻기에 작긴 하지만 한 번 해보자고 한 것이 전부다. 내가 보기엔 할만해 보였다. 내가 머릿속에 그려온 자전거 가게는 이렇게 작은 공간에서도 충분했기 때문이다. 자전거를 가게에 늘어놓을 일도 없고 자전거는 어디 있느냐고 손님들이 와서 물어보는 일반적인 가게를 운영할 생각도 없었다. 혹시 누군가 와서 묻는다면 '여기는 주문 제작 자전거를 판매하는 곳이라서 바로 사 가지고 갈 자전거가 없다'라고 답했을 거다. 오히려 작은 공간은 도움이 되었다. 흔한 자전거 가게가 아니라 취미 공방처럼 만들고 싶었다. 누구라도 편하게 들를 수 있는 공간 말이다. 나는 손님의 입장을 잘 알기 때문에 손님들이 친밀감을 느끼지 못하는 평범한 자전거 가게를 운영하고 싶지는 않다. 나도 자전거에 대해 잘 몰랐을 적에 자전거 가게에 갔다가 휘둘리는 느낌, 꼭 바보가 된 것 같은 느낌을 받았던 기억이 있다. 나는 이렇게 작은 커스텀 자전거 가게에서 손님들이 자신의 자전거와 친밀한 관계를 만들어 가는 게 참 좋다. 생각해보면 참 멋지지 않은가? 내가 고른 색깔로 만든, 세상에 하나밖에 없는 내 자전거라는 느낌을 가질 수 있다는 건.

여기 있는 가구도 직접 제작한 건가?

MMMG에서 구한 재활용 목재로 친구 정이눅과 함께 디자인하고 제작했다. 페그보드 벽에 손으로 구멍을 뚫는 데 3일이나 걸렸다. 돌이켜보면 더 좋은 방법도 있었을 것 같긴 하다. 어쨌거나 결과가 근사해서 마음에 든다. 공간이 작아서 모든 가구는 움직일 수 있게, 다용도로 쓸 수 있게 만들었다. 바퀴를 단 카운터는 작업 공간으로 활용할 수 있고 자전거 벽걸이는 카운터 뒤에 공간이 더 필요할 때 떼어낼 수 있다.

ARC의 로고가 꽤 멋있다.

미국에서 그래픽 디자이너로 일하는 친구가 있다. 내가 성격이 까다로운 편이라서 완성하기까지 많은 시간이 들었다. 친구가 보낸 아이디어와 스케치가 내 생각에 꽤 근접하긴 했지만, 마음에 완벽히 들지는 않았다. 다시 친구가 자전거 체인에 대한 아이디어를 제안했는데 그것도 좋긴 했지만 딱 마음에 들진 않았다. 고향의 다른 친구들은 그 친구가 공짜로 디자인해주는데 고마워해야지 그렇게 까다롭게 굴어서야 되겠느냐고 모두 한마디씩 했다. 그러다 디자이너 친구가 알파벳 A를 활용하자는 아이디어를 떠올렸고 난 그걸 삼각형으로 만들어 달라고 요청했다. 그 결과 지금은 둘 다 좋아하는 로고가 탄생했다. ARC는 'All Rhoads Customs'의 약자다. 'Rhoads'는 내 성이기도 하고 '길'(roads)이라는 뜻이기도 하다.

자전거 주문 과정은 어떻게 되나? ARC의 프로세스를 소개해달라.

과정은 아주 간단하다. 그렇게 되도록 처음부터 의도했다. 이 가게의 목적은 고객이 자기 자전거의 룩앤필을 결정할 권한을 갖고 자전거를 구매하는 동안 조금 더 사적인 경험을 하도록 하는 것이다. 나는 먼저 고객에게 현재 어떤 방식으로 자전거를 타는지, 앞으로는 어떻게 타고 싶은지를 듣는다. 그리고 몇 가지 치수를 재서 프레임 크기를 결정하고 커스터마이징을 시작한다. 고객은 싱글기어를 사용할 것인지 기어비가 높은 것(16단)으로 할 것인지를 선택한 후 핸들바와 브레이크/변속레버 설정을 여러 방식으로 경험해본다. 그다음에는 내가 직접 선별해서 제안하는 타이어, 안장, 페달, 손잡이 중 원하는 것을 고른다. 마지막으로 프레임과 로고에 사용할 색상을 선택하고 전체 배색을 결정한다. 프레임을 업체에 보내서 도색까지 마치고 나면 2주 정도가 소요되는데 이때 고객이 방문해서 최종 피팅을 한 후 집으로 가져간다.

상담 과정에서 주로 어떤 얘기를 나누나?

지금껏 자전거를 어떻게 탔는지에 대해 이야기한다. 고객이 자전거를 타온 방식은 매우 중요하다. 자전거를 이전에 타봤는지? 탄다면 얼마나 자주 타는지? 지금은 어떤 식으로 자전거를 타는지? 앞으로는 어떻게 타고 싶은지? 자신이 원하는 목적에 맞는 자전거를 사야 한다. 한강에서 가벼운 라이딩을 즐길 생각이라면 카본 로드 바이크를 탈 필요가 없다. 알다시피 불편하기만 할 테니까. 이런저런 이야기를 나눈 후에 고객에게 어떤 자전거가 어울릴 것 같은지 추천하면서 구체적인 옵션을 제안한다.

커스텀 자전거와 커스텀 프레임 제작 둘 다 한다고 알고 있다. 이 두 작업 간의 차이점은 무엇인가?

지금 여기서는 커스텀 자전거 제작만 한다. 커스텀 프레임은 주문자의 신체에 맞게 직접 프레임 빌딩을 하는 것이고 커스텀 자전거는 프레임을 비롯한 모든 파츠를 고객의 요구와 취향에 맞게 내가 따로 주문해 조립하는 것이다. 지금 커스텀 프레임의 설계나 제작은 아직 무리다. 커스텀 프레임을 제작하기엔 공간이나 장비가 부족하다. 고객 신체에 맞춰 커스텀 프레임을 제작하려면 인체 치수를 측정하고 프레임을 디자인해야 할 뿐 아니라 여러 용도에 맞게 여러 튜브를 적절히 사용해야 한다. 커스텀 프레임은 고객 입장에서 보면 비용과 시간이 매우 많이 드는 작업이다. 하지만 우리 가게가 하는 커스텀 자전거 제작만으로도 창의적인 룩앤필을 충분히 낼 수 있다. 커스텀 자전거 제작은 도색조차 되어 있지 않은 프레임으로부터 출발해 고객이 원하는 이미지에 모든 것을 맞추어 주는 것이다.

직접 제작한 이 프레임에 대한 설명을 부탁한다.

사진 속 자전거는 가게를 열 때 샘플로 만든 것이다. 손님들이 직접 보고 만지고 타보라고 시험 삼아 만들었다. 도심을 가볍게 달릴 때 쓸 만한 자전거로 제작했다. 허리를 편하게 펴고 탈 수 있어서 날씨나 경치를 즐길 때, 친구와 함께 탈 때 좋다. 보통은 내가 타고 싶은 자전거를 만든다. 아쉽게도 이 자전거는 작아서 내가 타긴 어렵지만. 내가 타는 로드 바이크에는 따로 직접 만든 프레임을 넣었다. 독특한 내 자세를 보완하도록 시트 튜브를 길게, 탑 튜브를 짧게 만들었다. 허리를 세우기보다 구부정한 자세로 타는 경향이 있어서 그렇다. 편안하고 여유 있게 타기 적당하게 헤드 튜브와 시트 튜브의 각도를 조절했다. 공격적인 경주용 자전거가 필요한 게 아니었기 때문이다. 스틸 자전거가 더 무겁기는 하지만 나처럼 탄다면 매우 편안한 느낌이 들어서 자전거와 함께 하는 시간을 더 즐길 수 있다.

앞으로의 목표는?

결국에는 프레임을 제작하는 게 목표다. 커스텀 자전거는 물론이고 커스텀 프레임까지 만들고 싶은 거다. 커스텀 프레임을 제작할 때 가장 기분이 좋다. 단순히 자전거 판매상으로 남기보다 제작에 집중하고 싶다. 마지막으로는 커스텀 제작 공간을 여는 것이 꿈이다.

SCHWALBE
LUGANO

풍류 커스텀은 자전거 프레임 전문 업체다. '풍류'는 이승기가 어렸을 때부터
모티프, 신조로 삼던 단어. 사전에는 '풍치가 있고 멋스럽게 노는 일,
또는 운치가 있는 일'로 풀이하고 있는데, 덧붙여 아취(아담한 정취)가 있는 것을
말하기도 한다. '풍류'라는 상호에는 음악과 흥을 즐기고 놀 줄 안다는 것,
정취 있는 일들을 하며 살고 싶다는 의지가 담겨있다.

이승기(Lee Seungki)

풍류 커스텀 대표. 무대 디자인을 전공하고 프리랜스 디자이너로 활동했었다.
패션 분야에서는 MD, 바이어, 모델, 스타일리스트로 활동한 경력이 있다.
그림에 대한 적성을 살릴 수 있는 자전거 관련 일을 하고자 이타와 아트스쿨에서
스프레이 아트웍스 과정을 수료하고 2010년에 릴리 커스텀 도색숍에
들어가 실전을 접했다. 릴리 커스텀 대표의 제안으로 릴리 커스텀을 인수한 후
상호를 풍류 커스텀으로 바꾸었다. www.pungnew.com

프레임을 도화지 삼아

풍류 커스텀 이승기

도색 전 프레임 2000년대 초반에 나온 프레임으로 추정되는 옐로 나가사와 프레임이다. 탄탄하고 매끄러운 러그 용전기술과 콜럼버스 튜빙이 인상적이다. 현 프레임 도색 방식은 표면을 정리한 튜빙 위에 프라이머 도색 이후 2액형 우레탄으로 2차 도색된 것으로 보였다. 스톤칩(돌튐에 의한 상처)을 비롯해 여러 상처가 많았다. 외부에서 보이는 사용감에 비해 내부는 그리 나쁘지 않았다.

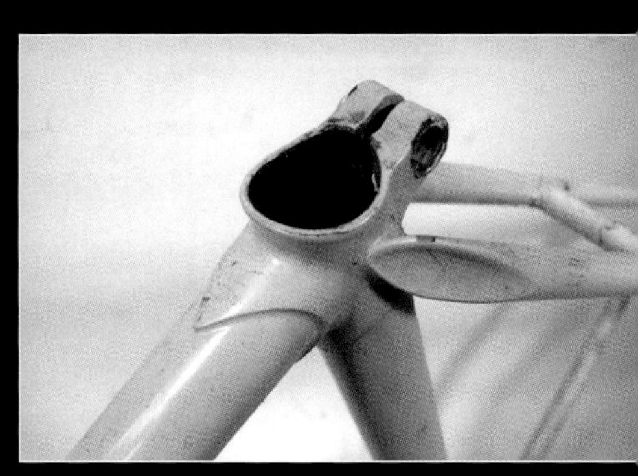

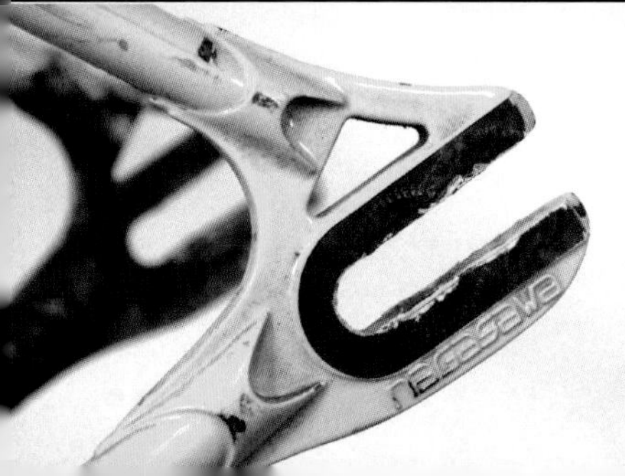

1차 리무버 박리 일반적인 프레임 도색은 래커 계열의 페인트를 많이 쓴다. 그에 비해 고가의 프레임 도색은 우레탄 계열의 페인트를 쓴다. 우레탄 페인트는 래커 페인트보다 탄성이 좋지만 건조 기간이 길다. 탄성이 좋은 페인트일수록 박리 작업(페인트를 벗겨내는 작업)이 오래 걸린다. 이틀 정도 공을 들여 리무버와 쇠솔로 구석구석 페인트를 벗겨냈다.

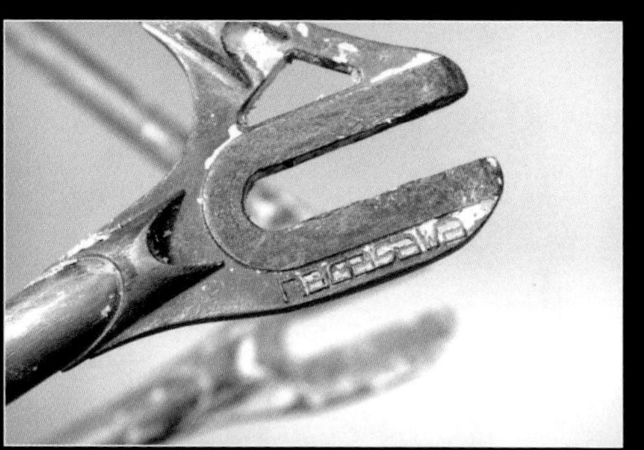

2차 샌드 블라스트 박리 풍류 커스텀의 자랑이자 크로몰리 복원에 있어 크게 기여하는 샌드 블라스트 작업이다. 샌드 블라스트 작업의 목적은 크게 세 가지다. 첫째, 1차 박리 작업 이후에도 남아 있는 미세한 페인트를 말끔하게 제거한다. 둘째, 프레임의 녹(rust)과 흠집을 제거하여 방청효과를 극대화할 수 있다. 셋째, 표면을 일정한 질감으로 거칠게 만들어 프라이머 도색 시 도장 표면의 견고함을 높인다. 좋은 결과물을 제시하기 위한 초석을 다지는 작업이다.

프라이머 1차 도색 및 탈지 작업 프라이머 혹은 서페이서로 불리는 하도(초벌 페인팅) 페인팅이다. 하도의 목적은 튜빙의 내구성을 높이고, 중도를 올리기 위해 접착력이 좋은 표면을 만들어 주는 것. 도색 이후 고운 사포로 매끄러운 표면을 만들어 주고 미세한 흠집을 잡아내는 평탄화 작업을 한다. 그다음에는 탈지제로 미세 가루를 세척한다. 프라이머 및 탈지 세척작업은 이후 도장 과정의 성패를 좌우하는 중요한 역할을 하는 작업이다.

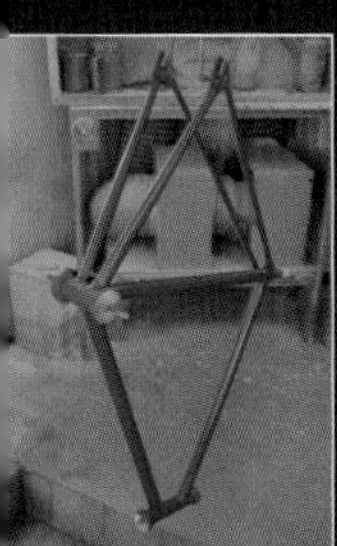

베이스 컬러 2차 도색 및 그레데이션 3차 도색

베이스 컬러 페인트는 원하는 색상을 구현하고, 두툼한 도막의 높이로 한층 더 매끄러운 평탄화 작업을 할 수 있는 중도(디자인 페인팅 작업) 페인트이다. 이번 도색의 작업은 코발트 바이올렛 핑크 컬러로 1차 베이스 분사·건조 후 피아노블랙 컬러로 2차 그레데이션 분사·건조 작업을 진행 하였다. 프레임과 포크 모두 튜빙 중앙을 돋보이게 하도록 러그 포인트로 그레데이션 작업을 했다.

데칼작업 및 우레탄 클리어코트 4차도색 데칼은 'BICYCLE, PRINT, 2014' 이렇게 세가지 도안으로 제작했다. 데칼 작업 방식 중 부착식 컷팅 데칼 방식을 사용하였고 이 방법은 일러스트레이터로 제작된 도안을 데칼 전용 시트지와 컷팅 플로터를 이용하여 깔끔하게 오려낸 후, 원하는 위치에 부착하는 방식이다. 이후 우레탄 클리어코트 4차 도색으로 화사한 고광택 표면을 만들어 내는 동시에 도장 표면의 탄성과 견고함을 최대치로 높이는 작업을 한다.

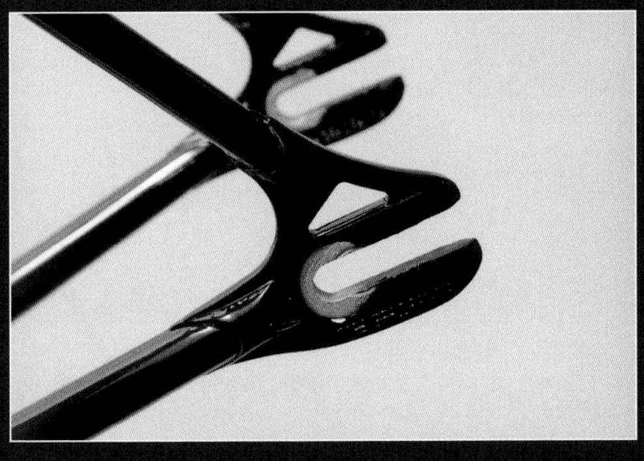

2014

BICYCLE
PRINT

자전거 도색도 페인팅이다. 드로잉 작업은 언제부터 했나?

미술 학원에 다니면서 입시 미술을 배운 게 아니라 독학으로 그림을 공부했다. 동양화가인 할아버지에게 영향을 많이 받았다. 할아버지는 내가 화구들을 만지작거리며 놀거나 그것으로 자유롭게 그림을 그리게 해주셨다. 그렇게 어렸을 때부터 자연스럽게 그림을 그렸다. 중학교 때 후회 없이 놀다가 결국 공고에 진학했다. 환경도, 학업 여건도 좋지 않아서 여기서 도대체 대학을 갈 수 있을까 생각을 하다가 산업미술반이라는 특수반에 들어갔다. 그곳에선 일러스트나 포토샵 프로그램을 가르쳐 줬는데, 공모전에서 입상하면 학교 수업에 안 들어가도 되고 학생 기록부에 입상 내용을 써줬다. 에이즈 퇴치연맹, 대한적십자사 등에서 주최한 대회들에 공모해서 포스터 디자인으로 입상도 많이 했다. 군대에 가서도 쉬지 않고 작업을 했던 것 같다. 폭력방지, 서로 존중하고 예의 지키기 등의 군대 문화 바꾸기 운동의 포스터와 벽화를 그려서 포상 휴가도 받았다. 대학에선 무대 디자인을 전공해서 학교에 다닐 때는 조명디자인, 음향디자인 등을 많이 했었고, 패션 분야에서도 4년 정도 일했다.

자전거 도색을 직업으로 삼게 된 계기는?

22살 때부터 픽스드 기어 자전거를 탔다. 자전거를 타다가 만나게 된 지인이 디자인 감각도 좋고 손재주도 있으니 자전거 도색을 해보라고 권했다. 마침 포화상태이던 패션 시장에 한계를 느끼고 있던 차였다. 국내에는 자전거 도색 전문 업체가 드물어서 내가 좋아하는 자전거 분야에서 자리를 잡을 수 있을 것 같았다. 당시 자전거 도색 전문 숍인 릴리 커스텀에 찾아가서 무보수로 일하기로 했다. 릴리 커스텀의 도색 사부가 하는 작업을 옆에서 보면서 배웠다. 그러다가 릴리 커스텀 사장님의 제안으로 내게 있던 자금을 몽땅 털어서 그곳을 인수하게 됐다.

풍류 커스텀이 생각하는 커스텀이란?

일인칭에 관한 것 같다. 자기만의 개성 같은 것이 아닐까 싶다. 이미 나온 디자인을 따라서 그대로 만드는 것은 복원이지 커스텀이 아니다. 자기가 원하는 디자인이 확실하고 그 디자인에 따라서 유일무이한 자전거를 만드는 게 커스텀이라고 생각한다. 자전거 브랜드 이름을 지우고 내 이름을 쓰는 것만이 커스텀이 아니다. 자전거 상표를 그대로 유지하더라도 그 회사에서 나오지 않는, 내가 원하는 색으로 자기 자전거를 도색하는 것도 커스텀이 될 수 있다.

모든 고객과 직접 상담하나?

꼭 하는 편이다. 상담을 해야지 어떤 색상과 도색을 원하는지 정확히 알 수 있다.

고객과 어떤 대화를 나누는가?

취향을 물어보는 게 고객이 원하는 도색을 파악하는 데는 가장 좋은 것 같다. 도색을 문의하는 사람들은 크게 세 가지 경우로 나뉜다. 처음부터 끝까지 모든 도색 과정을 내게 위임하는 경우, 원하는 도색 이미지가 뚜렷해서 그대로 재현해주기를 바라는 경우, 그리고 막연한 상태에서 상담을 통해 원하는 디자인과 도색을 찾고자 하는 경우다. 막연하게 찾아오는 분들은 대세인 컬러가 무엇인지 많이 묻는데, 그럴 땐 상담 과정을 통해 고객의 취향을 정확히 파악하고 처음부터 끝까지 구체화된 오더를 내가 끄집어 내야 한다. 아예 디자인을 정해서 오는 분들에게는 작업의 어떤 부분에 위험성이 있는지, 퀄리티가 떨어질 수 있는지 등을 정확하게 집어준다. 완제품이 나왔을 때 주문자에게 보다 더 마음에 드는 결과물이 될 수 있도록 소통을 많이 하는 편이다.

도색 과정을 설명해 달라.

간단히 말하자면, 일단 칠을 벗겨 내야 하고, 칠이 잘 되도록 표면 처리를 한 다음 도색 작업을 한다. 마지막으로 문자나 그림을 그리거나 붙이는 데칼 작업을 하면 끝이다. 첫 번째 과정인 칠을 벗겨내는 것을 박리라고 한다. 프레임 상태와 소재 종류에 따라 박리하는 방식이 조금씩 달라지는데, 리무버라는 약품으로 벗겨내는 경우도 있고, 샌드블라스트 기계를 사용해 고압으로 모래를 쏴서 박리할 때도 있다. 샌딩 작업이 약품을 사용하는 것보다는 더 깔끔하고 꼼꼼하게 프레임을 벗겨낼 수 있다. 타 업체에서는 시간을 단축하기 위해 리무버 혹은 일반 사포로 갈아내는 경우가 많지만, 풍류 커스텀에서는 샌딩 작업만을 고집한다. 그런 다음 퍼티(충진재)로 불규칙한 표면을 매끈하게 마감하고 도색 작업을 3단계에 걸쳐 진행한다. 하도, 중도, 상도의 순서로. 간단히 말하면 세 번 칠을 하는데 중간중간 건조를 제대로 해야 한다. 하도는 철판의 부식을 막고 표면을 고르게 하여 도장이 잘 되도록 하는 칠이고, 중도는 상도가 잘 칠해지도록 하도 위에 칠하는 것이다. 그러고 나서 최종 도장으로 의도한 색깔의 상도를 진행한다. 데칼 작업도 스티커를 제작해서 붙이거나 레터링 데칼의 양각스티커를 붙이고 색을 칠하고 그 위에 클리어 코트(투명 페인트로 도장면 최상단에 입혀진 보호막)를 한 번 더 올린다.

생각보다 공정이 복잡하다. 보통 프레임 하나의 도색을 진행하는데 어느 정도 시간이 걸리나?

날씨가 가장 큰 변수다. 우기일 때는 자연건조가 어려워 시간이 오래 걸린다. 건조 상태가 좋지 않아서 도장하는 중간에 불량이 생겨버리면 중간에 다시 도장을 벗겨내야 한다. 조립은 자연건조가 다 된 상태에서 들어가야 하는데, 습기 때문에 헤드셋이나 비비 셸 부분이 늘어나거나 갈라질 위험이 있기 때문이다. 아무리 조심해서 조립한다 하더라도 클리어 코트의 탄성이 부족하다 보니까 스톤칩(작은 모래나 돌에 의한 흠집)에 예민하고 손자국이 잘 날 수 있다. 이를 막기 위해서라도 자연건조를 시킨 후 열처리 건조를 한 번 더 해서 완벽하게 건조한 뒤 조립하는 게 올바른 선택이다. 그러다 보니 도색 시간이 다른 곳보다 더 걸린다. 그래서 비 오는 날은 아예 박리작업만 한다. 이런 날씨나 주변 여건을 고려하지 않고 봤을 때 작업시간은 열흘 정도인 것 같다. 보통 한 번에 두 대에서 세 대를 한꺼번에 작업한다. 박리도 어떤 도료를 썼는지에 따라 벗겨내는 시간이 확연히 달라진다. 우레탄이나 에폭시 계열은 벗겨내는 데 많은 시간이 필요하다. 사람들은 단색 도장 과정을 비교적 쉽게 생각하는 경향이 있다. 프레임 표면에 래커를 골고루 뿌려준 다음, 코팅 마무리로 작업이 끝나는 줄 알고 있다. 그래서 2주 정도 걸린다고 얘기하면 놀라곤 한다. 그러나 풍류 커스텀에 도색을 의뢰하는 사람들 대부분은 스스로 직접 시행해봤고 한계에 봉착하고 나서 찾아오기 때문에 도색을 제대로 하는 게 얼마나 어려운지 잘 알고 있다. 덕분에 책정된 공임료에 대해서 수긍하고 기꺼이 지불하는 편이다.

작업실 공간이 좀 독특한 것 같은데, 박리, 도색, 건조 모두 각기 다른 파티션으로 작업실이 나뉘어 있다. 직접 작업 기계를 만들었다고 들었다.

박리를 하기 위한 기계로는, 이미 산업용 제품으로 나와 있는 샌드블라스트가 있다. 그런데 가격이 너무 비쌌다. 형태 자체는 간단해서 CAD로 도면을 그려서 해보면 내가 직접 만들 수 있겠다 싶어서 해봤는데 다행히 첫 번째 시도에서 성공했다. 제작은 판금 의뢰했다. 샌드블라스트 안에 들어가는 특수모래는 금강사라는 모래를 사용한다. 사포의 모래알 입자 크기를 방수라 하는데, 그 원리를 샌드블라스트에 적용해 봤다. 굵은 모래와 얇은 모래를 적당히 섞어서 칠을 잘 벗겨낼 수 있을 법한 배합을 해냈다. 샌드블라스트를 구성하는 모래통, 고압으로 모래를 분사하는 호스, 집진기와 자전거를 넣는 입구와 유리창 등을 전부 따로 설계해서 제작했는데, 총 35만 원 정도 든 것 같다. 건조를 위한 열처리 기계 또한 시중에 비슷하게 나와 있는 것들을 조사해서 자전거 도색에 적합하게 다시 만들었다. 지금은 기초도료학을 공부하고 있다. 안료와 경화제 등에 대해서 더욱 자세히 알고 싶어서다. 페인트나 안료마다 마르는 온도, 온도별 내구성 등의 속성이 다 다르다.

가장 자신 있는 자전거 도색은 어떤 것인가?

기본기에 충실한 도색이라 할까. 80년대 클래식 자전거를 원형 그대로 복원하는 것에 자신 있다. 내가 타고 다니는 자전거도 직접 도색 작업한 크로몰리 클래식 자전거다. 뚜르드 프랑스의 자전거 영웅 파우스토 코피(Pausto Koppi)의 이름을 딴 이탈리아 공방의 프레임을 지인을 통해 분양받았다. 처음에는 노란색이 베이스였고 초록색 데칼이 붙어 있었다. 나는 기존의 도장을 벗겨내고 크롬 도금을 하고 평소 좋아하는 핑크 컬러와 바이올렛 컬러로 그라데이션 도색과 복원 데칼 작업을 했다. 구동계와 휠 등 프레임을 제외한 파트들은 이베이에서 하나씩 별개로 주문하여 완성했다. 지금까지 한 클래식 자전거 복원 중 가장 마음에 드는 작업이다.

역대 작업 중 가장 도전적이었던 작업은 뭔가?

내가 업그레이드된 느낌을 받은 작업이라면 도쿄 자전거디자인학교에서 프레임 빌딩과 디자인을 배우고 있는 박정민 씨의 첫 로드 바이크의 도색이었다. 러그가 보통 러그가 아니었다. 러그를 그렇게 손으로 파서 만들어 놓은 자전거를 처음 봤다. 토마지니(Tommasini)라는 브랜드의 자전거 러그도 굉장히 복잡한 편인데, 정민 씨의 자전거를 보자마자 좀 놀랐다. 나뭇잎 모양의 세공이 들어가서 기존 러그에 비해 훨씬 복잡하게 커팅되어 있었다. 러그 부분을 피해서 도색하는 것이 과제였다. 도장에 들어가기 전에 러그 모양대로 테이프를 작게 오려 러그 부분을 막는 작업을 마스킹이라고 하는데 이 부분이 가장 까다로웠다. 정민 씨가 일본으로 돌아가야 하는 일정에 맞춰 작업을 빨리 마무리해야 할 상황이었다. 오더를 미리 받아뒀었던 고객들에게 일일이 전화해서 양해를 구했다. 2주간은 그 자전거만 잡고 있었고 총 제작 기간은 3주였다.

풍류 커스텀의 협업 네트워크는 어떻게 되는가?

처음 시작할 때 나 혼자 부딪치는 것보다 서로 도움을 주고 받으며 협업할 수 있는 협력 체제가 있는 게 좋을 것 같다고 생각했다. 그래서 여기저기 찾아 다녔고, 그때 긍정적으로 받아주신 분들이 지금 풍류와 파트너십을 맺고 있다. 두부공 자전거 공방, 알비노 커스텀, 가로 타투, 트위드 런 행사 등이다. 프레임 제작은 두부공이, 프레임 도색은 우리가 맡아서 자전거 한 대를 전부 커스텀 제작하는 식이다. 알비노 커스텀은 휠에 판을 붙여 디스크 휠처럼 제작해 주는 공방인데 우리에게 도색 의뢰를 종종 해주고, 나도 고객이 디스크 의뢰를 하면 알비노 커스텀을 소개해준다. 가로 타투는 타투이스트이다. 자전거를 진심으로 좋아하는 친한 형이고, 20살 때 대학 동기로 만나서 지금까지 잘 지내고 있다. 이 형이 트위드 런 (2009년 영국 런던에서 시작돼 세계 각지로 퍼져나간 트위드 소재의 옷을 입고 자전거를 타는 라이딩 행사)이라는 자전거 라이딩 이벤트를 추진하고 있는데 이곳에 협찬하고 있다.

풍류 커스텀의 목표는 무엇인가?

단순히 도색이나 보수하는 데만 의의를 두기보다는 프레임을 도화지 삼아 예술작업을 해보고 싶다. 장인이나 할 수 있을 것 같은 일들이다. 그림처럼 프레임을 전시하고 프레임에 대한 가치를 부여하는 경로로 가고자 한다. 풍류 커스텀의 장기적 목표를 생각하자면, 프레임 빌더들과의 협업을 통해 튜빙을 재단해서 용접을 하고 마무리 도색하는 작업까지의 모든 과정을 사람들에게 소개하는 것이다. 이것이 나아가서 커스텀 자전거의 커리큘럼이 되어 탄탄한 교육 프로그램이 될 수 있다면 굉장히 멋진 일이 될 것 같다.

구동계는 캄파놀로 크로체 다우네 기반으로 레코드 계열 그룹 셋과 약간 섞여 있으며, 휠은 캄파놀로 샤말 스템과 핸들은 치넬리 사의 것을 사용했다.

용접의 예술

자전거에도 공방이라고 이름을 붙이는 분야가 있다. 프레임 빌딩이다. 철로 만들어진 튜브의 각과 길이를 신체 치수나 자전거의 용도에 맞게 잡아 손으로 직접 용접하고 깔끔하게 다듬어낸 뒤 아름다운 형태로 깎아낸 러그로 끼워 맞추어 차체를 완성하는 작업이다. 대한민국 자전거 공방의 젊은 피인 김성태는 다부진 그의 인상에 어울리는 단단하고 심플한 모양새의 자전거를 만들어낸다. 그러나 그는 전통적인 기법에 충실한 클래식 프레임 빌더가 아니다. 매번 새로운 아이디어와 현대적인 디자인, 구현 가능한 프레임을 구상하는 게 그의 특기다.

김성태(Kim Seongtae)

디토비치 자전거 공방 빌더. 강원도 영월 출신으로 대입과 동시에 서울로 올라와 서울산업대학교에서 환경공학을 전공했다. 자전거 공방을 준비하기 위해 2009년 다시 영월로 돌아가 자전거 리스토어(restore) 작업장을 운영하다가 경북에 있는 자전거 공방에서 프레임 빌딩을 접하고 자전거를 만들기 시작했다. 2013년 6월 서울시 서교동에 디토비치 자전거 공방을 오픈했다.

www.ditobici.com

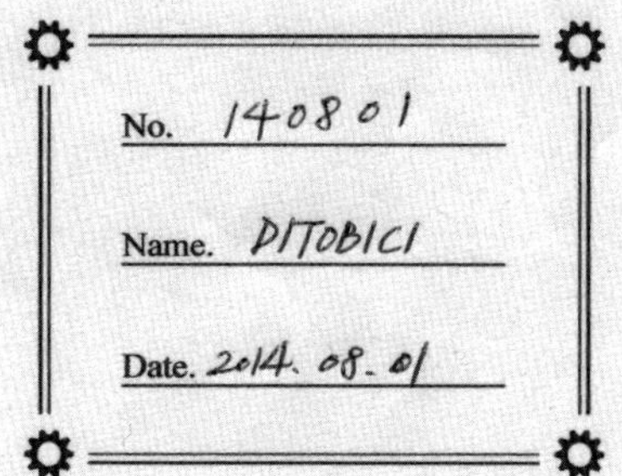

튜빙의 경우 Columbus 사의 크로몰리 튜빙을 사용하며, 프레임은 등급 단계 별로 CROMOR, SL, ZONA, SPIRIT KEIRIN, MAX, LIFE로 나누어진다. 등급별로 튜빙의 모양과 무게가 달라지며 가격 또한 달라진다. 자전거의 사용 용도에 맞는

DITOBICI

ORDER SHEET

TUBE (Check ☑)

	TT (mm)	DT (mm)	ST (mm)	HT (mm)	CS (mm)	SS (mm)
☑ CROMOR	25.4 (0.9/0.6/0.9)	31.7 (0.9/0.6/0.9)	28.6 (0.9/0.6)	31.7 (1)	22.2 (0.8)	14 (0.8)
☐ SL	25.4 (0.8/0.5/0.8)	28.6 (0.8/0.5/0.8)	28.6 (0.8/0.6)	31.7 (1)	22.2 (0.7)	14 (0.7)
☐ ZONA	28.6 (0.7/0.5/0.7)	35 (0.8/0.5/0.8)	32.7 (0.7/0.5/0.9)	31.7 (1)	22.2 (0.7)	16 (0.7)
☐ SPIRIT KEIRIN	25.4 (0.8/0.5/0.8)	28.6 (0.8/0.5/0.8)	28.6 (0.8/0.6)	31.7 (1)	22.2 (0.7)	14 (0.7)
☐ MAX	31.7 (0.7/0.4/0.7)	35 (0.8/0.5/0.8)	31.7 (0.8/0.5)	36 (1.1)	28 (0.6)	16 (0.7)
☐ LIFE	31.7 (0.65/0.45/0.65)	35 (0.65/0.45/0.65)	35 (0.7/0.5)	36 (1.1)	24 (0.7/0.5)	17 (0.5)

memo.

LUG / LUGLESS (Check ☑)

☐ LUG 1 ☐ LUG 2 ☐ BB 1 ☐ BB 2 ☑ BB(Lugless) ☐ CUSTOM

memo. Lugless & Smooth welding

HANDLEBAR (Check ☑)

☑ DROP BAR ☐ RISER BAR ☐ BULL BAR ☐ FLAT BAR

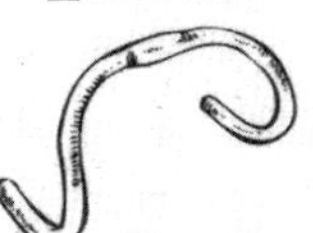

memo. ~~Ve~~ NITTO

STEM (Check ☑)

☐ QUILL ☐ AHEAD ☐ CUSTOM

memo. Cinelli alter stem

SEAT POST

memo. Velo Orange

튜빙을 선택하여야 한다. 러그의 경우 기본적으로 튜빙이 선택되었다면
튜빙 사이즈에 맞는 러그를 선택해야 한다. 또한 러그 커스텀이 가능하며, 튜빙 종류에 따라

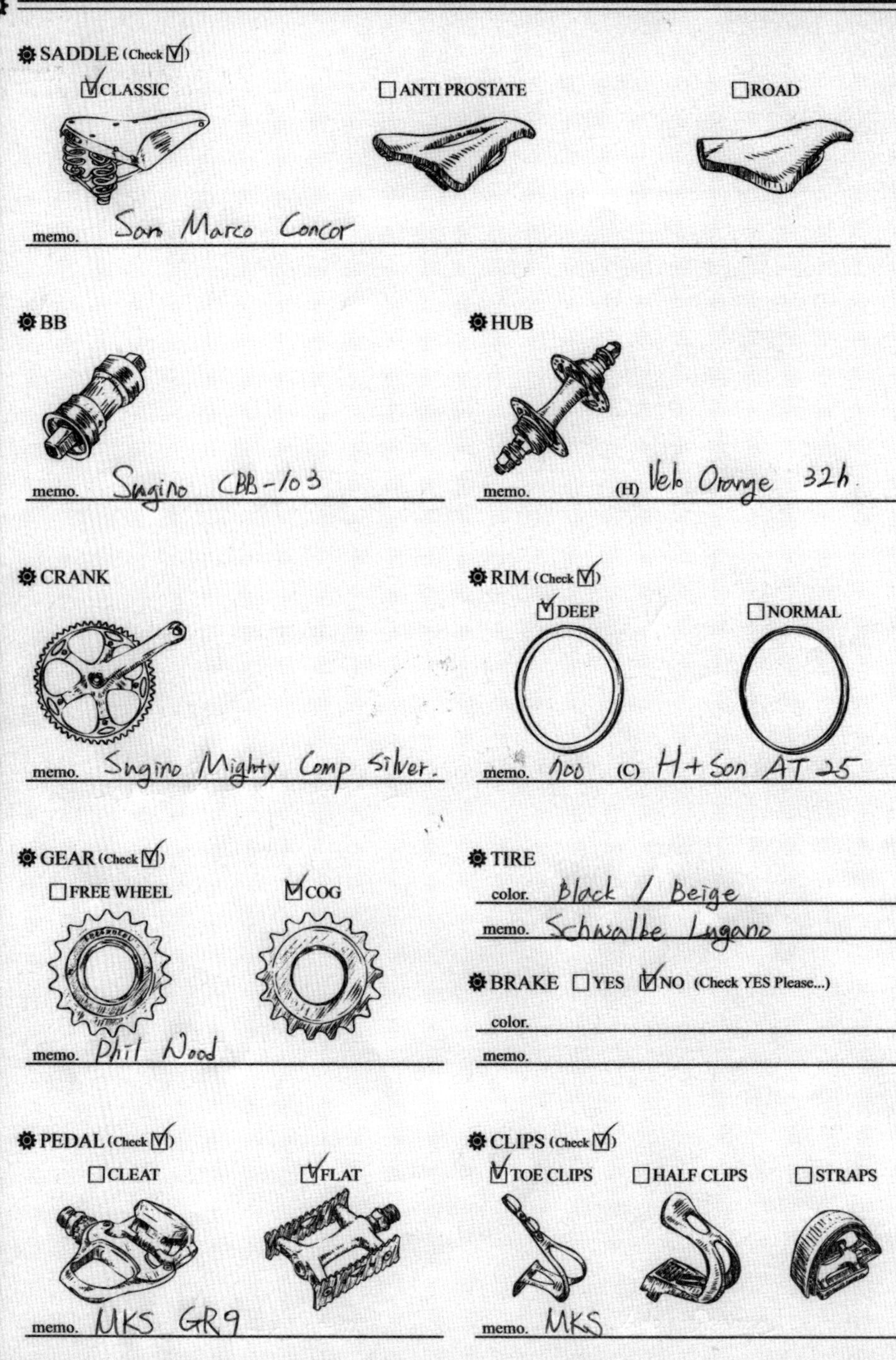

SADDLE (Check ☑)

☑ CLASSIC ☐ ANTI PROSTATE ☐ ROAD

memo. San Marco Concor

BB

memo. Sugino CBB-103

HUB

memo. (H) Velo Orange 32h

CRANK

memo. Sugino Mighty Comp Silver.

RIM (Check ☑)

☑ DEEP ☐ NORMAL

memo. 700 (C) H+Son AT25

GEAR (Check ☑)

☐ FREE WHEEL ☑ COG

memo. Phil Wood

TIRE

color. Black / Beige

memo. Schwalbe Lugano

BRAKE ☐ YES ☑ NO (Check YES Please...)

color.

memo.

PEDAL (Check ☑)

☐ CLEAT ☑ FLAT

memo. MKS GR9

CLIPS (Check ☑)

☑ TOE CLIPS ☐ HALF CLIPS ☐ STRAPS

memo. MKS

BODY MEASUREMENT

☑ TIGHT ☐ LOOSE

TA : 1,000 mm

OS : 915 mm

IS : 890 mm

UB : 670 mm

FA : 450 mm

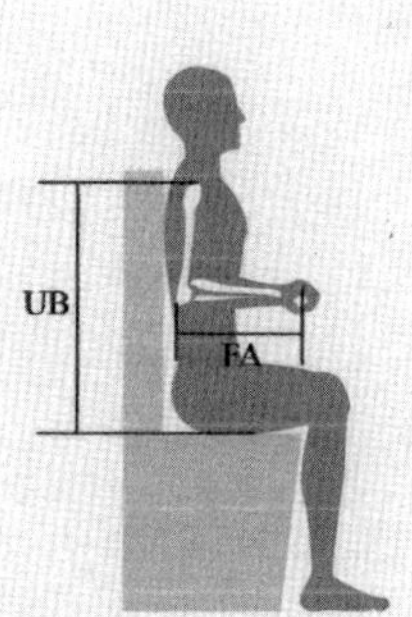

memo.

CALCULATION

SEAT TUBE : IS x 0.65	=	580	mm
TOP TUBE : UB x 0.7525	=	505	mm
FA x 0.078	=	30	mm
TA x 0.07 - 1	=	60	mm
aggregate		595	mm
STEM : TA x 0.2 - 4	=	120	mm
CRANK ARM : OS x 1.06 + 82.5	=	170	mm
SADDLE : IS x 1.09	=	95	mm

AND MORE

memo. 1. 알러스팀을 이용한 폴딩이 가능한 프레임

2. 알러스텔의 빨강과 노랑을 프레임에 적용

3. [illegible] 카본 포크 사용

CONFIRM

I checked my order ☑

Confirm ☑

Date. 2014. 08. 01 Signature. Ditofill

기본적으로 IS(Inseam: 인심) 사이즈를 기반으로
시트 튜브 사이즈가 결정되며, TA(Total Arm: 전체팔길이)를

평소 좋아하던 치넬리 알터라는 스템을 구하게 되었고,
이 스템을 콘셉트로 자전거를 만들어 보고 싶었다.
그리고 알터스템을 후삼각에 이용하면 접히는 프레임을 만들 수 있겠다
싶어 고민한 끝에 오마주라는 프레임이 탄생하게 되었다.

COLUMBUS
CROMOR

alter
Cinelli

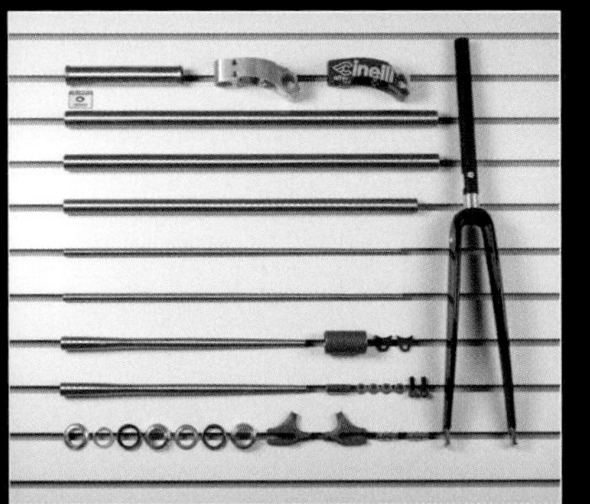

1. 튜빙&스몰파츠 준비

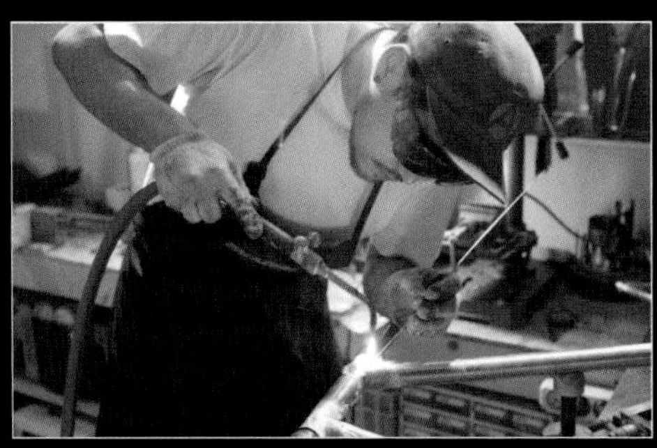

2. 전삼각 제작

3. 전삼각 가접후 얼라이먼트 확인 후 전체 용접

4. 체인스테이 가접 후 얼라이먼트 확인 후 용접

5. 시트스테이 가접 후 얼라이먼트 확인 후 용접

5-1. 후삼각 완성

6. 용접 부분 사상 및 확인 작업 & 전체 다듬기

1. 헤드셋 조립(프레임과 포크 결합)

2. BB 및 크랭크 조립

3. 리어휠에 코그와 락링 결속

4. 리어휠 결속후 체인 결속

5. 프론트휠 결속

6. 스템 및 핸들 장착

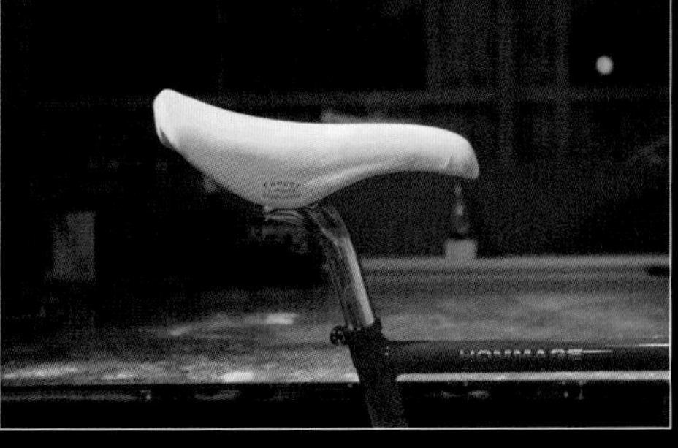

7. 시트포스트와 안장 결합후 장착

HOMMAGE
SCHWALBE
LUGANO

cinelli
alter
TOBICI
SCHWALBE
LUGANO

DITOBICI

DITOBICI

디토비치의 뜻은 무엇인가?

이탈리아어다. 디토(dito)가 손가락, 비치(bici)가 자전거, 즉 손가락 자전거라는 의미다. '손으로 만든 자전거'라는 뜻이 깔려 있다. 소재로 콜럼부스 튜빙(크로몰리 소재의 상급 튜브)을 사용하기 때문에 콜럼부스의 산지인 이탈리아 단어를 차용했다.

커스텀 프레임 자전거 공방을
시작하게 된 과정에 대해 듣고 싶다.

자전거 일을 하기 전 여러 일을 해봤다. 중학교 1학년 때부터 일을 하기 시작했고 나중에 우유 장사도 해보고 인터넷 쇼핑몰도 했다. 2009년 즈음 자전거에 관심이 생기기 시작했고 손재주도 있어서 자전거 관련 작업을 해보고 싶었다. 아버지께서 강원도 영월에서 공장을 운영하고 계시는데 그 주변에 컨테이너를 하나 놓고 시작했다. 처음에는 리스토어(restore)라고, 빈티지 자전거를 정비하고 복각하거나 타던 자전거를 새로운 스타일로 바꾸는 작업을 했다. 영월에서 일했기 때문에 주로 온라인을 통해서 주문을 받았다. 재미있었다. 하다 보니 직접 자전거를 만들어보고 싶다는 생각이 들었고 2010년 프레임 빌딩을 배우러 지방에 있는 공방에 찾아갔다. 그곳에서 단기 코스지만 빌딩의 기본을 배울 수 있었다. 리스토어 주문도 늘어났고 프레임 빌딩 테스트 작업량도 늘어나서 컨테이너도 하나 더 늘리고 도색 부스도 만들었다. 2013년 서울에 올라와서 디토비치 공방을 열었다.

프레임 빌딩을 배우는 데 시간이
많이 필요하지는 않았나?

우리나라 빌더 공방에서 제공하는 빌딩 코스 기간은 짧다. 교육이라기보다는 체험학습이라고 하는 게 맞는 것 같다. 기본 장비만 가지고 프레임 빌딩의 기본을 배우는 정도다. 내 경우에는 공방을 운영하기 전부터 여러 자전거를 만들어 본 경험이 빌딩을 배우는 데 큰 보탬이 된 것 같다. 소재 주문에서부터 완차 조립까지 혼자 다 하는데, 이 모든 노하우를 직접 하나하나 실행하면서 체득한 것이다. 교육을 받는다고 해서 이런 것들이 쉽게 얻어지지는 않는다. 이러한 것들을 일정 기한 안에 배운다는 생각 자체에 무리가 있다고 생각한다. 용접만 할 줄 알면 만들 수 있을 것 같지만 어느 정도의 퀄리티가 나오려면 얼마나 정성을 들여야 하는지 모른다. 도색 의뢰를 받으면 다른 빌더들이 만든 제품들을 벗겨보게 되는데, 이제 열의 아홉은 어디서 빌딩한 자전거인지 알 수 있다. 그만큼 자전거 한 대에 빌더의 실력과 정성이 다 묻어 있다는 것이다. 특히 NJS(일본경륜협회)의 인증 도장이 찍혀있는 일본 공방의 프레임들은 용접 상태나 마무리가 굉장히 깔끔하다. 한 번도 실망한 적이 없다.

자전거 빌딩용 장비를 세팅하기도
쉽지 않았을 것 같다.

하나부터 열까지 혼자 다 하려다 보니 막히는 게 많았다. 가르쳐 주는 곳도, 장비를 파는 곳도, 매뉴얼도 없었으니 독학할 수밖에 없었다. 용접기는 다행히 수입하는 업체가 있어서 원하는 제품을 구할 수 있었는데, 프레임을 만드는 지그 같은 것들은 부품을 하나하나 따로 수입할 수밖에 없었다. 도색에서 가장 중요한 것이 건조 부스인데 전기를 굉장히 많이 쓰다 보니 비용이 많이 든다. 웃기는 이야기지만 고추 건조기도 사용해 봤다. 고추 말리는 기계에 채반을 빼고 프레임을 걸면 딱 맞겠더라. 페인트가 갈라지지 않고 마르려면 적정온도가 유지되어야 하는데 시험 삼아 해봤던 게 딱 맞아 떨어진 거다. 게다가 농업용 전기를 사용할 수 있어서 저렴하게 전기를 사용할 수 있다. 그래서 그 무거운 기계를 영월에서 여기까지 가져왔다.

프레임 빌딩에서 가장 중요하다고
생각하는 부분은?

디자인이 예뻐야 한다. 군더더기 없는 깔끔한 디자인을 추구한다. 그런데 그것보다 더 기본은 용접이라고 생각한다. 남들 눈에는 잘 보이지 않지만 용접을 얼마나 완벽하게 했고, 또 오래 시간을 들여 잘 다듬었는지가 제일 중요하다. 대충하면 며칠에 한 대도 만들 수 있다. 하지만 그렇게 만든 것들은 핸드메이드 작품이라는 이름에 걸맞지 않는 것 같다.

경륜 자전거는 규정상 국내에서
생산된 크로몰리 프레임만 사용할 수 있다.
경륜 프레임을 제작해볼 생각은 없나?

규정상 디토비치 자전거를 등록할 수는 있다. 프레임 강도 등의 안전검사를 통과하고 신청을 하면 되는데 워낙 소수의 프레임 브랜드가 독점하는 시장이다. 최근 경륜 선수 출신의 한 분이 국내 경륜차를 만드는 환경에 한계가 있으니 같이 해보자고 제안을 한 적이 있다. 그분과 고민을 많이 했다. 그런데 공급을 맞추기 위해서 만들어야 하는 프레임 생산량이 예상보다 훨씬 많았다. 막 만들기는 싫고 생산량을 맞추기에 버거울 것 같았다. 경륜 프레임을 만들 수 있게 된다면 평생 먹고 살 수 있는 수단이 되긴 한다. 하지만 눈만 뜨면 자전거를 만들어야 하는 것은 내가 원하는 공방의 모습이 아니다. 기존에 해보지 않은 새로운 도전을 계속해서 해나가는 것이 더 좋다.

디토비치 브랜드라고 할 수 있는 자전거는
어떤 것이 있나?

처음에 만든 게 목재를 사용해 만든 우든(Wooden)이고, 두 번째 작업은 650C라는 약간 작은 바퀴 사이즈의 자전거다. 또 로드 프레임의 뮤토(Muto)를 만들었고 올해 8월에는 새로운 모델인 오마주(Homage)를 만들었다. 이 작업에 몰두하기 위해서 다른 주문 제품의 작업도 8월 이후로 미뤘다. 현재 기획 중인 자전거는 접이식 미니벨로다. 가벼우면서 실용적인, 그러나 세상에 없었던 신기한 자전거를 만들고 싶다. 클래식 자전거를 정석대로 만드는 것도 좋지만 내 개인 작업으로는 색다른 디자인이나 구조의 자전거를 만들고 싶다.

자전거를 주문받아 제작하는
과정을 설명해 달라.

우선 몸에 꼭 맞는 프레임을 만들기 위해서는 의뢰인의 신체 사이즈와 비율을 측정해야 한다. 발바닥부터 사타구니까지의 다리 길이인 인심(IS: Inseam)으로 시트 튜브의 사이즈를 결정하고, 전체 팔 길이(TA: Total Arm)를 기반으로 탑 튜브 사이즈를 결정한다. 또한, 프레임의 용도(로드, 싱글, 랜도너 등)와 주행 스타일에 따라 전체 각도와 길이가 달라진다. 그리고 자전거 제작에서 가장 기본인 튜브를 결정한다. 자전거 프레임에서 각각의 파이프를 튜브라고 하는데, 튜브의 경우 콜럼부스(Columbus) 사의 크로몰리 튜빙을 사용하며, 프레임은 등급 단계별로

CROMOR, SL, ZONA, SPIRIT KEIRIN, MAX, LIFE로 나누어진다. 등급별로 튜빙의 모양과 무게가 달라지며 가격 또한 달라지므로 자전거 용도에 맞는 튜빙을 선택해야 한다. 예를 들어 랜도너 프레임이라면 CROMOR 등급의 튜빙이 적절하다. 기본 튜빙을 선택했다면 사이즈에 맞는 러그를 선택한다. 러그 또한 커스텀이 가능하다.

어떤 고객이 프레임을
맞춤 제작하고자 하는가?

정말 다양한 사람들이 의뢰한다. 그런데 고객이 자전거에 대해서 잘 모르거나 그냥 막연하게 예쁜 자전거를 갖고 싶은 경우라면 웬만하면 커스텀 자전거를 추천하지 않는다. 우선 양산품 중에서 사이즈가 맞는 것을 타보다가 몸에 꼭 맞는 자전거를 타고 싶은 마음이 생기면 그때 다시 오라고 한다. 주문자가 몸에 꼭 맞는 것이 어떤 느낌인지 알기를 바라기 때문이다. 커스텀 프레임은 고객이 자전거에 대해 아는 만큼 잘 맞는 프레임이 완성된다. 항상 디토비치 프레임이 고객의 마지막 프레임이길 바란다.

자전거 한 대를 완성하는데
드는 시간은?

보통 10~15일 정도 걸린다. 수제 작업 기준으로 봤을 때 그렇게 긴 시간은 아니다. 보통 밤 늦게까지, 때론 새벽까지 작업한다. 눈 떠 있는 동안은 작업하는데 시간을 다 보낸다. 그렇다 보니 속도가 나는 편이다. 하나를 잡고 있으면 다른 것에는 신경을 거의 못 쓴다. 식사 시간도 중구난방이고 생활에는 정말 도움이 안 된다. 난 손으로 만드는 것에는 뭐든 자신이 있다. 못 만드는 것은 없다고 생각한다. 이런 자신감이라도 있어야지 버틸 수 있는 것 같다.

일반 자전거 외에
특수 자전거도 만들어 봤나?

외발자전거, 장애인용 리컴번트 바이크(등을 뒤로 기대고 탈 수 있게 만들어진 자전거), 4인용 자전거도 만들어 봤다. 성인 둘과 아이 둘이 탈 수 있는 4인용 자전거의 장점은 4명 중 한 명만 페달질을 해도 갈 수 있다는 것이다. 이 자전거는 현재 영월 사진박물관에 전시되어 있다. 리컴번트 바이크는 다릿심이 없는 장애인이 팔로 노젓듯이 로윙을 해서 갈 수 있는 자전거다. 외발자전거는 원래 크랭크와 체인 없이 바퀴에다 바로 페달을 붙이는 것이 일반적인데, 의뢰 받았던 외발자전거는 크랭크가 있는 고정기어 자전거였다. 이번에 만든 오마주 자전거도 그렇고 기존에 없는 부품은 캐드 도면으로 설계해서 금형을 새롭게 만들어야 한다. 새로운 구조를 만드는 것이 가장 까다롭고 도전적인 부분이다.

작업실이 밖에서
보이도록 되어있다.

작업 과정을 보여주기 위해서다. 그런데 손님들이 오면 작업을 중간에 멈춰야 한다. 그래서 집중하기 위해 새벽에 혼자 조용히 작업하는 경우가 많다. 출퇴근 시간이 따로 정해져 있지 않다. 집도 5분 거리다. 매장을 먼저 구해놓고 잠만 잘 수 있으면 되니까 최대한 가까운 곳에 집을 구했다. 이 건물 지하에 녹음실을 운영하는 분이 있는데, 내가 매일 자전거 만드는 모습을 지켜 보다가 자전거를 하나 맞추고 싶다고 방문하셨다. 그때 코스터브레이크(페달을 뒤로 감으면 뒷바퀴에 저항이 걸리는 방식)로 만들어드렸는데 잘 타고 다니신다. 맞춤 주문하는 손님 중에는 근처에 사는 분들이 많다. 대부분 얼굴을 직접 보고 이야기도 나누고, 피팅도 한다. 작업 중간마다 들러서 같이 보면서 맞춰 나가기도 한다. 반면 얼굴을 보지 않고 오더 시트로 주문을 받아 제작만 하면 마음이 편하지 않다. 그럴 때는 프레임을 보내놓고 간간이 전화해서 잘 맞는지, 잘 타고 다니는지 꼭 물어본다.

당신 공방의 미래를 어떻게 보고 있는가?

수제 자전거의 가격이 상당히 비싼 편이고 그래서 수요도 적지만 대충 그만두고 싶지는 않다. 끝을 보고 싶은 느낌이랄까? 그렇게 버티려고 한다. 지금까지도 그렇게 버텨왔었고. 나중에 자금 문제로 이 일만 할 수 없는 상황이 된다면 다른 일이라도 해서 돈을 벌어 그걸로 빌딩 작업을 계속할 거다. 아직까지 스튜디오 운영은 괜찮은 것 같다. 잠자는 시간 빼고는 계속 여기 있다. 이 공방은 지금 연중무휴로 돌아간다.

1. 우든(Wooden)
2011년 겨울

디토비치 1세대 프레임이다. 크로몰리 소재의 프레임에 페인팅 대신 천연나무를 얇게 감싼 것으로 도막 역시 페인팅보다 강하다. 클래식에 바탕을 두어 베이직하지만 고급스럽고, 소박해 보이지만 많은 정성이 들어간 프레임이다. 김성태가 평소에 타고 다니는 픽스드 기어 자전거이며 디토비치 메인 전시장에 비치되어 있었다.

2. 650C
2013 여름

일반적인 프레임으로는 논슬로핑의 프레임을 구현하는 데 사이즈의 제약이 있다. 현재 대부분의 자전거 바퀴 사이즈는 700C이지만 한 단계 작은 650C의 바퀴 사이즈를 사용함으로 논슬로핑을 포기하지 않고 사이즈를 줄일 수 있게 되었다. 체구가 작아 기성 사이즈의 자전거를 타기 힘든 분들을 위해 제작되었으며 바퀴를 제외한 나머지 파츠들은 기성 파츠를 이용하면 된다.

3. 뮤토(Muto)
2013 겨울

뮤토라는 이름은 '변화'라는 뜻으로 클래식한 로드 프레임에 변화를 줘 스포티한 디자인을 추구한 자전거다. 기존 프레임들과 비교했을 때, 곡선이 아름다운 프레임임을 한눈에 알 수 있다. 러그리스(러그가 없는) 방식 프레임에 퍼티(이음매나 요철 등을 채우거나 바르는 점토 상의 접합체)로 곡선 하나하나를 수작업으로 제작한다. 튜빙 전체가 마치 하나인 듯한 디자인이 매력적인 로드 프레임이다.

CX Z3RO

일본 자전거 공방의 장인 정신

일본 굴지의 커스텀 프레임 공방, 케루빔.
50년 역사의 이 자전거 공방이 추구하는 혁신은 예술일까, 기술일까.
마스터 빌더 콘노 신이치가 이에 대해 답한다.

콘노 신이치 Konno Shin-ichi

1972년 도쿄 출신. 역사 깊은 주문 제작 자전거 업체인 케루빔을 아버지인 콘노 히토시로부터 물려받아 2대 째 가업을 잇고 있다. 전통적인 수작업과 참신한 아이디어를 융합한 자전거 제작은 국내외에서 높은 평가를 얻는 한편, 국제적으로 폭넓은 팬을 확보하고 있다.
www.cherubim.jp

1965년에 설립된 이래 케루빔이 거쳐 온 역사에 대해 말해 달라. 선대인 콘노 히토시(今野仁)가 1965년 창업한 이래 '전통과 혁신'을 주제로 진짜 '달리기'를 추구하는 자전거 공방이다. 1968년 케루빔의 자전거를 타고 이노우에 산지(井上三次) 선수가 멕시코 올림픽에서 6위에 입상하면서 일본 신기록을 달성했다. 이를 계기로 국내는 물론 전 세계적으로 케루빔을 알리게 되었다. 처음에는 콘노 집안의 삼형제가 각각 케루빔(Cherubim), 3렌쇼(3Rensho), 미유키(Miyuki)라는 브랜드를 만들었지만, 그중 유일하게 케루빔만 오늘날까지 명맥을 이어오고 있다. 가업을 이어받은 나(콘노 신이치)는 케루빔의 마스터 빌더로 활동한다. 내년은 창업 50주년이 되는 해다. '전통과 혁신의 융합'이라는 창업 정신을 열정을 다해 더욱 견고히 다져갈 생각이다.

당신은 아버지에게 자전거 조립을 배웠나? 언제부터, 얼마 동안 작업을 배우고 익혔는지 궁금하다. 어려서부터 공방이 놀이터라도 되는 양 늘 그곳에 가서 제작 현장을 구경했다. 그래서 언제부터 자전거 만들기를 배웠느냐는 질문에는 확실한 대답을 하기 어렵다. 콘노 제작소 일원으로 일하기 시작한 건 스무 살 무렵부터다. 처음 만든 자전거는 지금도 간직하고 있는데, 지금 보면 졸작이지만 그런 단계가 있었기에 지금의 빌더 인생이 가능했다고 생각한다. 내 인생의 프레임 같은 존재다.

견고한 삼각 프레임의 클래식 자전거 외에도 당신은 새롭고 진보적인 디자인과 혁신적인 기술을 융합하는 것으로 알려져 있다. 무엇이 당신에게 영감을 주는지 말해 달라. 자전거의 역사는 길고 그 형상은 이미 완성되었다고 말하곤 한다. 거기에 안주한다면 더 이상의 발전은 없겠지. 아시다시피 케루빔은 창업 때부터 혁신적인 도전을 계속해 왔고, 그런 의지를 이어가고 싶을 뿐이다. 아이디어는 자전거 외의 사물에서 얻는 경우가 많다. 길에서 본 물건, 식물, 동물, 책이나 영화, 음악 등 영감을 주는 것들은 무척 다양하다. 스스로 생각하고 스스로 만든다는 점은 자전거 빌더들에게 주어진 멋진 특권이다.

케루빔만의 자전거 부품과 기술을 소개해 달라. 인티그럴 헤드 및 최종 안전 캡 등 오리지널로 제작하는 부품은 여러 가지 있다. 제작 공정에 대해서 자세히 밝힐 수는 없지만 케루빔 50년 역사에서 장인들이 대대로 이어 온 공법과 기술을 항상 최신의 방법으로 업데이트하면서 최고의 성능을 발휘하도록 만들고 있다. 또 일본의 튜브 제조업체인 KAISEI와 공동으로 제품을 개발·생산했고, 최근에는 'Racer'라는 모델에 사용할 'Ni-EX'라는 튜브를 개발하고 있다. 더불어 영국의 레이놀즈사와 공동으로 '레이놀즈921' 같은 스테인리스 튜브 개발에 참여하고 있다. 이들 튜브의 특성을 제대로 알고 적재적소에 사용해서 프레임을 제작하는 것이야말로 우리들만의 노하우라고 해야 할지도 모르겠다.

웹 사이트에 소개하지 않은 커스텀 자전거가 있다면 알려달라. 타임트라이얼 오토바이크, 퍼니바이크, 여행용 미니벨로, 스테인리스 미키스트 등 웹 사이트에 게재하지 않은 오더 제품도 많다. 오더 프레임 자전거이다 보니 고객 요구와 개성에 따라 저마다 다른 특징을 지닌 자전거가 완성된다.

핸드메이드 자전거나 커스텀 자전거를 주문하는 사람들 사이의 공통적인 취향이나 성격, 특징 등이 있다면 무엇일까? '내 몸에 딱 맞는 자전거가 없다' '내가 원하는 컬러의 자전거가 없다' '목적에 맞는 자전거가 없다' 등등 그 이유는 셀 수 없이 많다. 다만 한 가지 말할 수 있는 것은 주문 제작 자전거를 원하는 고객들 중에는 눈앞에 펼쳐진 현실에 대충 만족하는 경우가 거의 없다는 점이다. 하지만 주문 제작을 한다는 건 그리 간단한 일이 아니다. 그들의 이상을 실현시키는 것이 우리의 사명이라고 믿는다.

당신의 작업을 '예술'로 보는 사람도 적지 않다. 특히 NAHBS바이크 쇼에서 당신이 만든 Air Line과 Humming Bird 자전거를 본 사람들의 반응은 대단했다. 하지만 어느 인터뷰에서 당신은 자전거는 '예술이라기보다는 기술'이라고 답했다. 나를 아티스트라거나, 케루빔이 만든 자전거를 예술 작품이라고 말하는 경우가 종종 있는 모양이다. 하지만 나는 케루빔을 찾는 고객과 선수를 만족시키기 위한 제품을 만들 뿐이다. 그런 의미에서 나에 대해 아티스트라고 부르는 걸 들으면 뭔가 좀 맞지 않다는 생각이 앞선다. 다만 기능적으로 뛰어난 것은 아름다움과도 통하는 것이 아닐까? 나는 아름다운 것을 정말 좋아한다.

당신은 어떻게 전통적인 기술과 혁신적인 기술의 균형을 유지해 나갈 생각인가? 제품으로서 제대로 성립하는 프레임이자 고객이 실제로 탔을 때 지금까지 경험한 적 없는 최고의 성능을 느끼게끔 의식하며 만들고 있다. 그래서 전통 공법과 최신 기술을 가리지 않고 다양한 방법을 동원해 최고의 성능을 고객에게 제공하는 것을 가장 중요하게 여긴다. 일견, 같은 일을 계속한다는 것은 똑같은 일의 반복처럼 보이기도 한다. 하지만 기술은 계속해서 발전하고 있다. 제품의 질을 높이려면 매일매일 새로운 것을 찾아 도전해야만 한다. 전통이라는 것은 같은 일의 반복이 결코 아니며, 시대 상황에 맞는 스타일을 찾되, 기본이 되는 정신을 잊지 않고 충실히 다져가는 일이다. 공법은 물론 재료나 그 외 모든 것이 급변하는 시대에 기본을 지키는 일은 결코 쉽지 않다.

이노우에 산지(井上三次) 선수가
1968년 멕시코 올림픽에서 6위에 입상하면서
일본 신기록을 달성한 케루빔의 자전거

HED.

CHERUBIM

Air Line

자전거 최대의 적은 공기 저항이다. 전면 투영 면적을 최대로 낮춘 'Air Line'은 공기의 흐름을 제압하는 것으로 속도를 지배한다. 아워 레코드나 자전거 경기장 타임트라이얼에 새로운 가능성을 제시하는 자전거다. 또 경기 규정이나 고정관념에 얽매이지 않으면서 자전거를 제작하는 것은 경기용 자전거 제작자에게 무척 중요하며 이는 곧 자전거를 진일보시키는 일로 이어진다고 확신한다.

Continental
PODIUM
MADE IN GERMANY
27" 19mm
MAX 12 BAR/170 PSI

Humming Bird

2012년 NAHBS(North American Handmade Bicycle Show)에서 최고의 영예인 Best of show를 획득한 제품이다. 영국의 BBC TV 세계의 명차 10대에 선정되는 영광도 누렸다. 버크민스터 풀러(Buckminster Fuller)의 유선형 자동차에서 아이디어를 얻은, 디자인이나 기능면에서 상식을 뒤집는 자전거다.

Big Foot

남극에서 열리는 트라이애슬론에 참가하는 고객에게 주문 받아 제작한 것이다. 남극이라는 특수한 환경에서도 최고의 성능을 발휘해 고객이 원하는 그 이상의 것을 선사했다. 그 결과 우승을 차지했다.

Bambino

미래의 레이서를 꿈꾸는 아이들을 위해 최고의 자전거를 선물하고 싶다는 마음으로 제작한 자전거다.
최근에는 손자에게 선물을 하고 싶다며 주문하는 분도 있다.

CHERUBIM

Speed Master Concept

시속 30km로 달릴 때 일어나는 모든 저항의 약 76%는 공기 저항이다. 스피드 마스터는 자전거의 높이를 최대한 낮춤으로써 자전거 자체의 전면 투영 면적을 크게 줄인 모델이다. 이로써 공기 역학 효과를 낳는다. 또한 정면 투영 면적의 80%를 넘는다고 하는 라이더 자체의 저항도 센터 바를 이용한 참신한 발상의 라이딩 폼의 실현에 의해 공기 저항을 낮출 수 있다.

CHERUBIM
CHERUBIM
CORIMA
CORIMA

mini-1 Racer

일상생활에서 거리를 F1처럼 질주할 수 있게 고안한 제품이다. 소형 휠과 고정 기어의 채용으로 지면과의 일체감을 더욱 높였다. 또 휠의 성능을 최대한으로 끌어내는 스켈톤에 따라 사용자가 생각한 대로 자전거를 자유자재로 움직일 수 있도록 고안했다.

Rambler

잘 정비된 도로, 숙박 형태의 변화, 편재하는 심야의 편의점, 자전거 컴포넌트의 진화 등, 환경이 바뀌면서 여행 방식도 변했다. Rambler는 변화하는 시대에 맞춘 '새로운 스포티프'다. 케루빔 유저 가운데는 베레베에 참가하는 유저도 많아서 다양한 정보를 취합해 반영한 제품이다.

CHERUBIM

콘노 신이치. 케루빔이 빌딩한 프레임은 섬세한 모양새의 러그와 완벽한 마무리로 유명하다.

CHERUBIM

BICYCLE PRINT

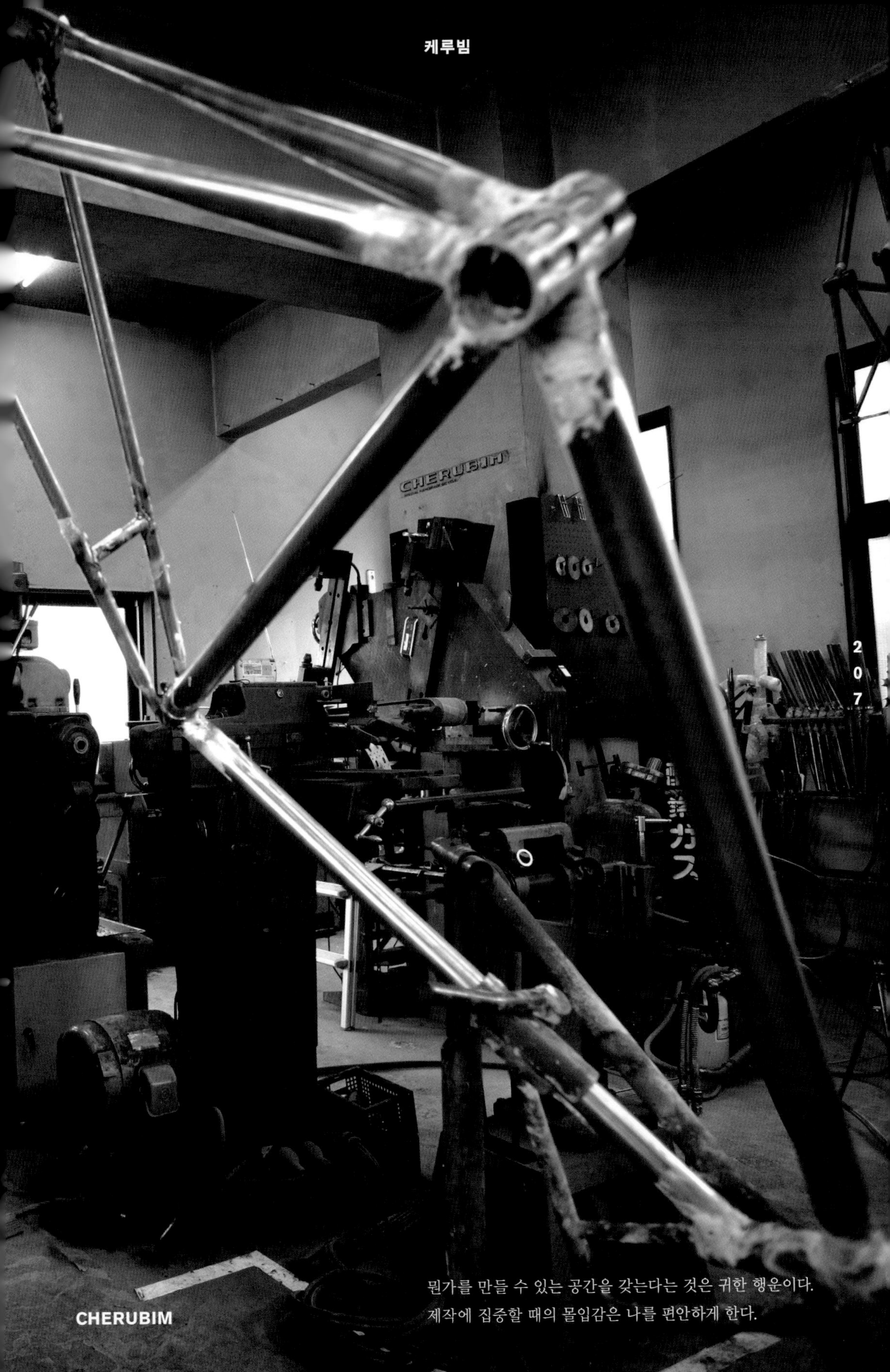

뭔가를 만들 수 있는 공간을 갖는다는 것은 귀한 행운이다.
제작에 집중할 때의 몰입감은 나를 편안하게 한다.

'도쿄 사이클 디자인 전문학교'(Tokyo College of Cycle Design)에서 학생들을 가르친다고 들었다. 자전거에 한정하지 않고 넓은 의미에서 물건 만드는 일의 즐거움을 학생들에게 전하고 싶다. 기술적인 면에서 훌륭한 학생이 있는가 하면, 어디에서도 본 적 없는 통통 튀는 아이디어를 갖고 있는 학생도 있다. 내 경우, 학생들이 각자 갖고 있는 개성을 맘껏 발휘할 수 있게 도와주고자 한다. 한편, 새로운 일에 도전하기 위해서는 기초지식이 대단히 중요하다. 예컨대 세계무대로 진출하고자 한다면 그 나라의 언어를 습득해야 한다. 미국은 영어, 한국은 한국어를 사용하듯이 이 학교에서는 자전거 만들기에 필요한 언어를 철저히 가르친다. 그래야만 자전거라는 흥미로운 세계에서 자유를 누릴 수 있겠지. 일본의 전통 예법인 다도의 정신도 마찬가지다. 기본을 다진 후에 자유를 얻는 것이랄까.

당신이 쓴 책 ‹How to Build Bicycle›에는 배달용 자전거부터 커스텀 바이크까지 다양한 자전거를 볼 수 있는데, 책을 쓰게 된 동기는 무엇이었나? 마침 도쿄 사이클디자인 전문학교가 막 개교할 무렵이었는데, 교재로 쓸 만한 책을 찾고 있었다. 그런데 좀처럼 마음에 쏙 드는 책을 찾지 못해 난감해 하던 중, 직접 써보는 건 어떻겠냐는 제안을 받고 집필하게 되었다. 이 책 한 권으로 프레임 빌딩의 모든 것을 설명할 수는 없지만, 프레임 빌딩에 흥미를 갖고 있는 사람들에게는 입문서로서 역할을 하리라고 기대한다.

케루빔 공방에서는 특별히 정해진 일과가 있는가? 공방에서는 모든 스태프가 자신이 맡은 부분을 묵묵히 작업해 나간다는 흐름으로 작업한다. 공방 작업은 위험한 도구도 많고 좋은 성과를 내려면 상당한 집중력을 필요로 한다. 그래서 정해진 시간에 반드시 휴식을 취해 'ON'과 'OFF'의 강약 조절이 잘 이루어지게끔 해야 한다. 어떤 경우건 제작 현장은 나를 늘 편안하게 해준다.

자전거 타는 것을 좋아하는가? 어떤 자전거를 타는지? 어려서부터 자전거 레이스에 출전했고, 프로 선수가 꿈이었던 때도 있었다. (웃음) 요즘은 듀애슬론 같은 대회에 참가한다. 내가 타는 자전거는 내 몸에 맞게 제작한 것으로 케루빔의 'Sticky'처럼 날렵한 외관을 하고 있다. 케루빔 레이싱 팀과 함께 달리는 시간을 언제나 기다린다. 나도 제법 빠르니까.

마지막으로 케루빔이 가장 이상적으로 생각하는 자전거 모습은 어떤 것인지 말해 달라. 자전거는 곧 우리 신체의 연장이다. 새의 날개와 같은 거다. 우리 자전거를 그렇게 생각해준다면 더 바랄 게 없을 것 같다.

BICYCLE

끼익!
탸앵 탸앵

자전거에서 이상한 소리가 나는가?
소음별 대처법을 소개한다.

사각 사각

부위 앞·뒷바퀴

원인 대부분은 브레이크 패드가 림[1]에 닿는 경우이다. 패드가 한쪽으로 기울여져서 림에 닿거나, 림이 휜 경우(림 브레이크 방식)일 가능성이 크다. 림 정렬이 틀어진 경우에도 림 패드 상태와 상관없이 패드와 닿는 소리가 발생한다.

해결 브레이크의 간격과 위치를 조절한다. 브레이크 패드 사이에 바퀴가 적정한 간격을 유지하도록 하고, 패드에 이물질이 있는지 확인한다. 모래가 박히거나 표면이 굳어진 경우라면 사포로 표면을 살짝 갈아준다. 휠을 프레임에 결속한 상태에서 돌려보면서 원인을 찾아내면 된다.

1. 림(Rim): 튜브와 타이어를 고정하는 부품.

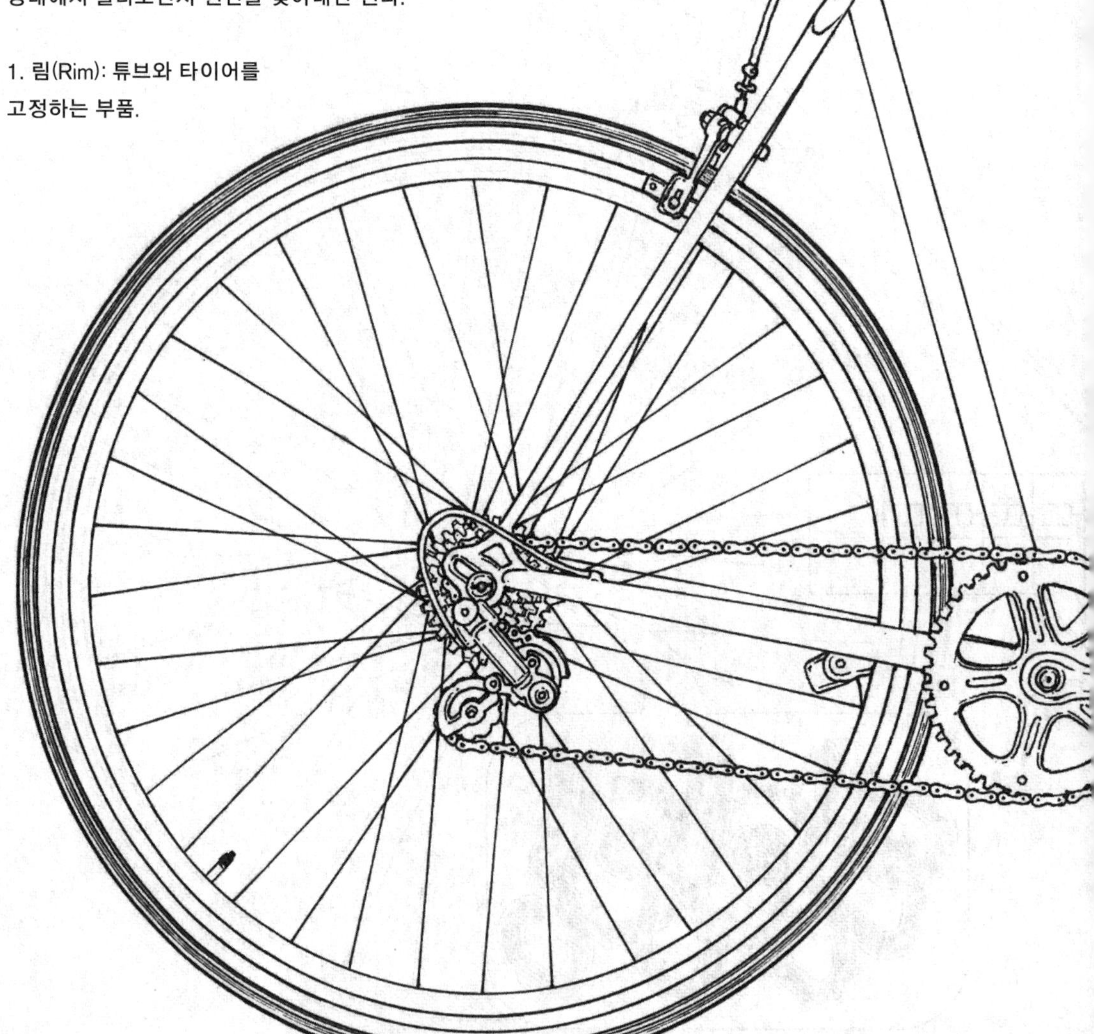

사각

태앵 태앵

부위 페달 주변

원인 앞 변속기 와이어가 밖으로 빠져 나와서 바지·신발에 밀렸다가 반동으로 튕기는 경우이다. 와이어 길이가 긴 경우도 있다.

해결 와이어를 구부려서 바지·신발에 닿지 않도록 한다. 혹은 바지, 신발에 닿지 않을 정도로 와이어를 자른 후 속선 마감재로 정리한다.

태앵 태앵

탱탱탱

부위 바퀴

원인 바퀴살이 심하게 느슨해질 때 발생하는 소리. 바퀴살을 손으로 적당히 누르거나 당길 때, 옆에 있는 바퀴살에 비해 심하게 헐렁한 경우, 이런 소리가 난다.

해결 림 쪽에 달린 바퀴살을 잡아주는 나사(스포크 니플)를 조여준다. 너무 세게 조이면 균형이 안 맞아서 림이 부분적으로 휠 수 있으니 적정한 강도로 조인다. 센터에서 림 정렬을 받는 것도 좋은 방법이다.

삐그덕

부위 프레임

원인 시트 클램프[1]나 시트 포스트[2], 안장의 연결 부분 너트가 충분히 조여지지 않은 경우다. 유격이 생기면(작동 장치가 헐거워지면)서 마찰 때문에 삐그덕 소리가 나게 된다.

해결 나사를 꽉 조인다. 부품과 부품이 닿는 부위에 그리스[3]를 발라주면 소음이 많이 예방된다. 앞뒤에 서스펜션이 있는 자전거의 경우, 서스펜션의 연결부위가 녹슬기 쉬우므로 평소에 윤활유로 관리해주는 것이 좋다.

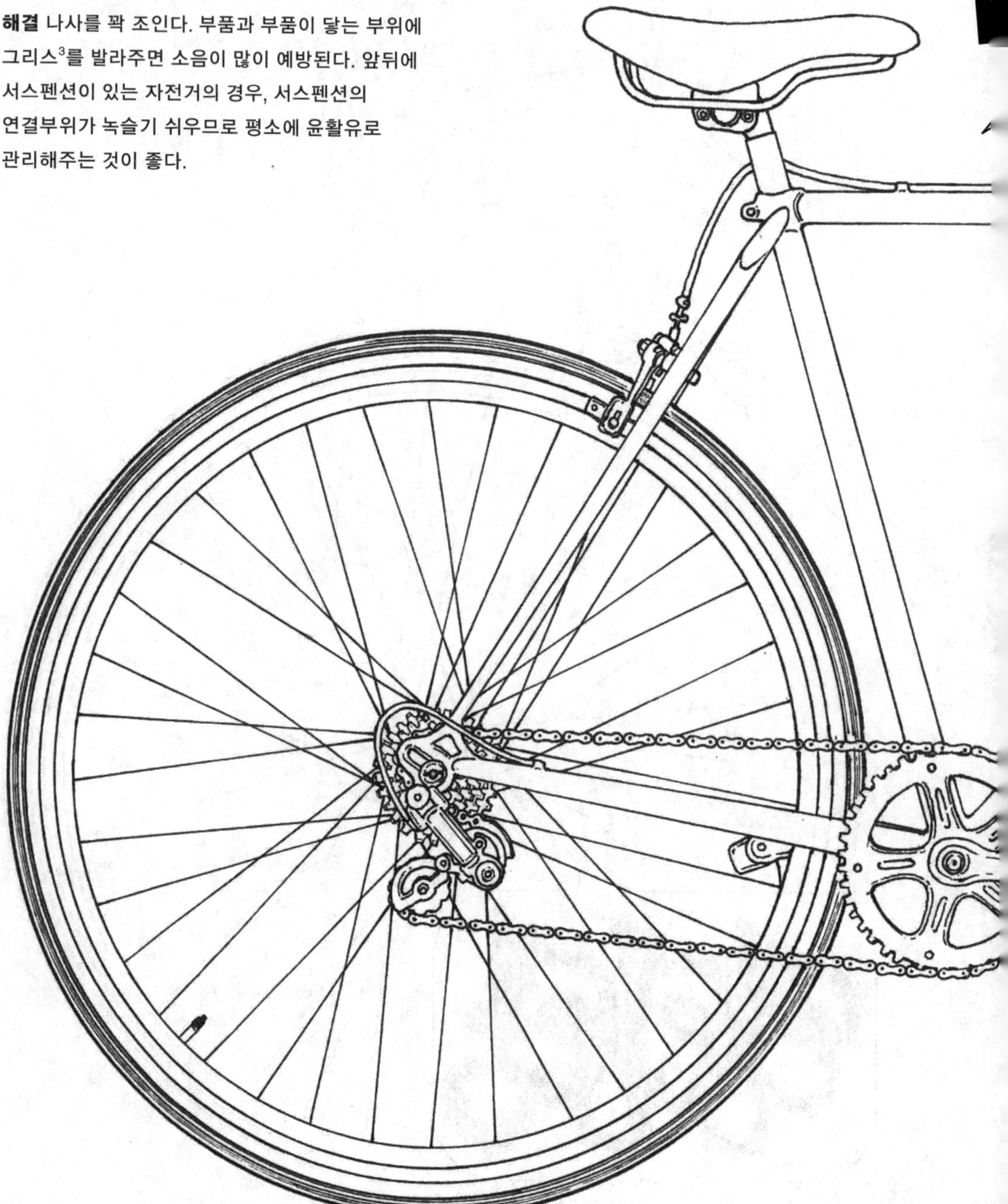

1. 시트 클램프(Seat clamp): 시트 포스트와 안장을 단단하게 연결하는 판과 볼트.
2. 시트 포스트(Seat post): 안장대. 안장에 연결된 긴 관으로, 이것을 시트 튜브에 끼워서 안장을 고정한다.
3. 그리스(Greese): 반고체 상태로 사용하는 윤활제로, 운동 중에는 액체상태가 되었다가 정지하면 반고체가 된다.

딱딱

부위 크랭크·페달

원인 페달의 윤활유 부족 혹은 BB[1]의 문제이다. BB의 문제일 경우 그리스가 삭아서 없어졌거나 이물질이 끼었을 경우, 혹은 BB의 베어링이 깨진 경우이다.

해결 페달은 윤활유로 관리한다. BB의 경우 전용 공구가 있어야 하기 때문에 숍에 가서 점검 받는 것을 추천한다. 그리스를 바르거나 이물질을 제거하고, 깨졌을 경우에는 교체해야 한다.

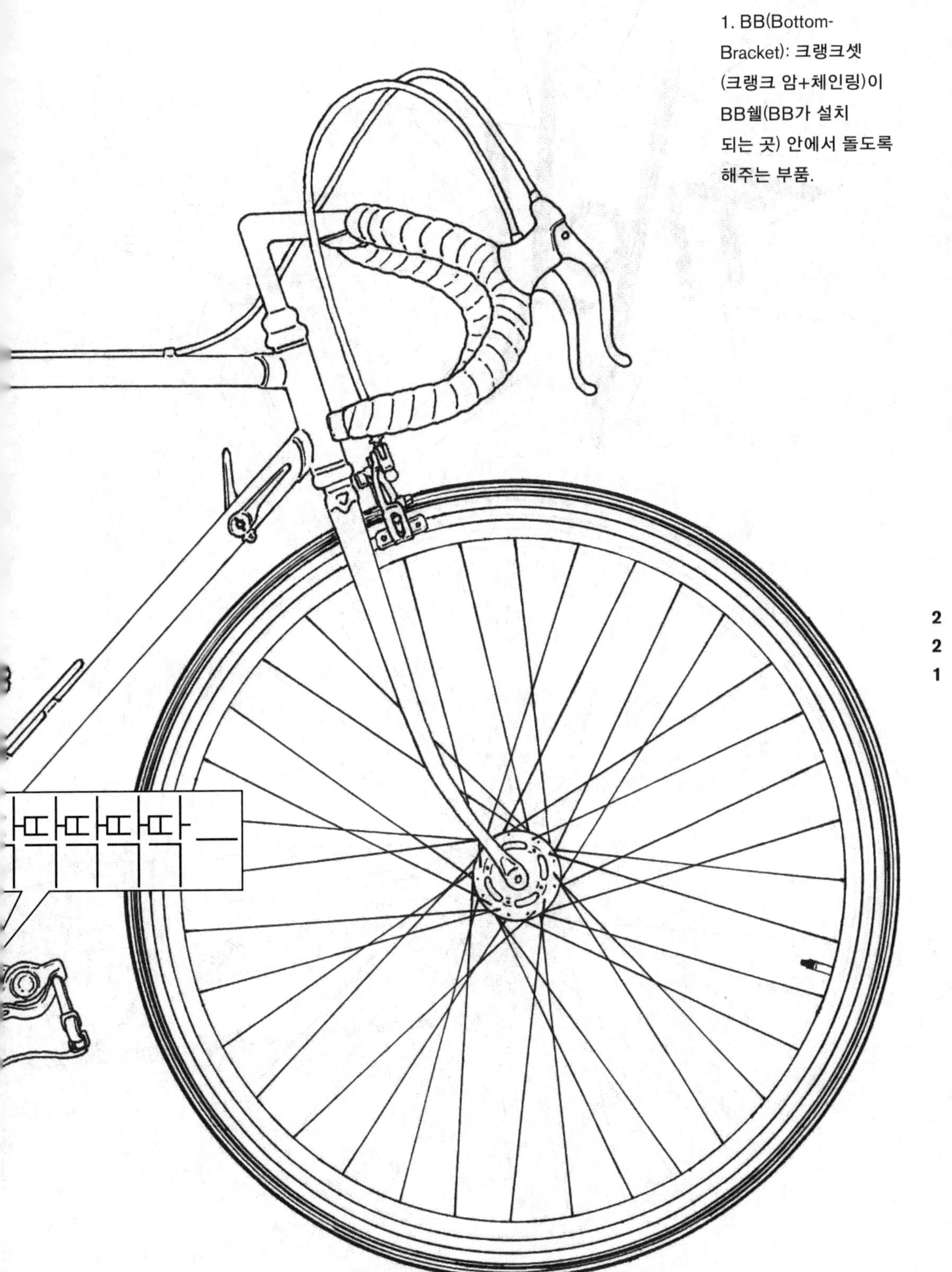

1. BB(Bottom-Bracket): 크랭크셋(크랭크 암+체인링)이 BB쉘(BB가 설치되는 곳) 안에서 돌도록 해주는 부품.

바이시클 프린트

BICYCLE PRINT

1. 토-인 정렬: 패드가 앞쪽에서부터 닿아 점차적으로 림을 잡아 주도록 패드의 앞쪽을 좀 더 안으로 들어오게 하는 세팅

끼익

부위 앞·뒤 브레이크

원인 패드나 림에 물 혹은 이물질이 묻은 경우이다. 물이 묻은 경우 필요 이상으로 림에 패드가 붙어버리게 되고, 기름이 묻은 경우에는 제대로 제동하지 못하게 된다.

해결 기름이 묻었을 경우 브레이크 클리너로 림을 닦아 주고, 브레이크 패드를 교체하거나 사포로 약간 갈아준다. 숍에서 토-인 정렬[1]을 받는 것도 좋은 방법이다.

HOUND